By the same author:

LA LANGUE DES FRANÇAIS: *a versatile course from the beginnings to 'O' level comprising four parts, with tape recordings and a supplement entitled* Images et Vocabulaires (*eighteen picture vocabularies*). *There is a new pictorial edition of Book 1, in two parts.*

Special school edition of CRIN-BLANC *by* René Guillot (*based on the film by* Albert Lamorisse).

Simplified versions of stories in the PÈRE CASTOR *series* (LA BOÎTE À SOLEIL, HISTOIRE DU BÉBÉ LION, DRÔLES DE BÊTES, TROIS PETITS COCHONS, LA NOUVELLE ROBE D'ANNE-CATHERINE, LA GRISE ET LA POULETTE).

CENT UNE ANECDOTES FACILES

Stories old and new retold in the vocabulary of the *français fondamental*

by

J. R. WATSON

author of *La Langue des Français*

HARRAP LONDON

First published in Great Britain 1966
by GEORGE G. HARRAP & CO. LTD
182–184 High Holborn, London WC1V 7AX
Reprinted: 1967; 1969; 1970; 1972; 1973; 1975; 1976

ISBN 0 245 58594 X

Printed and bound in Great Britain by
Redwood Burn Limited
Trowbridge and Esher

FOREWORD

The purpose of this book is to make available to teachers material for rapid reading, reproduction, comprehension and oral work. Being in anecdote form, the passages can be used to fill up the few minutes at the end of a class or as a break in between two periods of more difficult study.

In offering this collection of stories, no claim is made for their originality, and most teachers will already know a large number of them. As a rule, however, this type of anecdote, although supplying ideal material for rapid oral work, is written in French which is too difficult for the beginner. In rewriting them in simple language, the grammar difficulties have been kept to the minimum so that fluency is not impaired.

The stories in Section I (1–51) are written in the present tense and, with a few rare exceptions (e.g. *lapin*), strictly within the word count of *le français fondamental*, *premier degré*. The vocabulary of Section II is extended to cover *le français fondamental*, *deuxième degré*, and the perfect and future tenses are introduced.

Section I (1–51)

SYLLABUS: First year and start of second year.

VOCABULARY: *Le français fondamental* (*premier degré*).

GRAMMAR: Present tense and very simple first-year grammar. Simple negatives.

USES: Rapid reading practice.
Rapid comprehension. (The story is read in French by the teacher. The pupil does not look at the text but immediately gives a *résumé* in English.)

Oral Reproduction. (The story is read twice (or three times) by the teacher and is then retold by the class in French.)
Conversation. (Questions based on the story are asked in French.)

Section II (52–101)

SYLLABUS:	Second year and start of third year.
VOCABULARY:	*Le français fondamental* (*deuxième degré*).
GRAMMAR:	Present, perfect, and future tenses. Usual second-year grammar, *dont* being kept until the last few anecdotes.
USES:	As for Section I.

All the stories are told in the present, so third- and fourth-year classes can also use the book with equal benefit by reading or writing the stories straight into the past, thus obtaining practice in the imperfect, pluperfect, past historic and conditional tenses. This exercise is especially valuable as training for the appreciation of the difference between the *passé simple* and the *imparfait*. Those passages which lend themselves to this treatment are marked with an asterisk. The stories may also be rewritten in more elegant French, using a wider vocabulary and more sophisticated syntax.

It will thus be seen that although this book is primarily intended for junior classes, it may also be used with advantage for more advanced work.

As increasing attention is being given in the planning of examination syllabuses to proficiency in aural comprehension and reproduction, tape recordings have been made of all the anecdotes in this book to help train pupils in this important exercise (see the notice opposite the title page).

London,
September 1965 J. R. W.

CONTENTS

Section I

Section II

SECTION 1

1 *A special reason for charity*

Le petit Marc demande deux francs à sa maman.

— Mais, Marc, tu as déjà deux francs. Où sont-ils?

— Maman, il y a une pauvre femme qui habite au bout de la rue. C'est elle qui a maintenant mes deux francs.

— C'est très bien, mon enfant. Tu es très gentil de donner ton argent à la pauvre vieille femme. Tiens, voici encore deux francs. Mais, dis-moi, pourquoi aimes-tu tellement cette vieille personne?

— Parce qu'elle vend du chocolat, répond Marc.

(*a*) Qu'est-ce que Marc demande à sa mère?
(*b*) Qui a maintenant les deux francs de Marc?
(*c*) Pourquoi est-ce que Marc aime tellement la vieille femme? Quelle est la vraie raison?

2 *Multiplication*

Un jour la femme qui fait la cuisine de Mme Desroches est en train de faire cuire trois œufs.

— Marie, dit la dame, combien de temps allez-vous laisser ces trois œufs dans l'eau?

— Neuf minutes, madame.

— Neuf minutes! Mais vous savez qu'on ne doit pas laisser cuire un œuf plus de trois minutes!

— C'est vrai, madame, répond la femme, mais il y a trois œufs et trois fois trois font neuf.

(*a*) Que fait la femme qui fait la cuisine de Mme Desroches?
(*b*) Qu'est-ce que Mme Desroches demande à la femme?
(*c*) Combien de temps doit-on laisser cuire un œuf?
(*d*) Pourquoi est-ce que la femme pense qu'on doit laisser les œufs neuf minutes dans l'eau?

3 *An easy problem*

Les enfants apprennent à compter et à faire de petits problèmes faciles. La maîtresse parle à Nicole.

— Nicole, je prête cent francs à ton père. S'il promet de me rendre dix francs chaque mois, quelle somme d'argent va-t-il me devoir encore au bout de neuf mois?

La petite fille se lève, attend un moment, puis elle répond:

— Cent francs, mademoiselle.

— Ma chère enfant, dit la maîtresse, tu ne connais pas très bien ton arithmétique!

— Et vous, mademoiselle, répond la petite Nicole, vous ne connaissez pas très bien mon père!

(*a*) Qu'est-ce que les enfants apprennent?
(*b*) Dans le problème, combien de francs est-ce que le père doit rendre chaque mois?
(*c*) Pourquoi est-ce que Nicole dit «Cent francs»?
(*d*) Quelle est la bonne réponse à ce problème?

4 *A crafty customer*

À l'heure du dîner un monsieur entre dans un restaurant. Il regarde avec soin le prix de tous les plats.

— Garçon, demande-t-il, combien coûte la sauce?

— Rien, monsieur, répond le garçon, les clients ne sont pas obligés de payer la sauce.

— Et le pain? Quel est le prix du pain?

— Rien non plus, monsieur, dit le garçon étonné.

— Eh bien! dit le client, servez-moi du pain et de la sauce.

(*a*) Qui sont les deux personnes dans cette histoire?
(*b*) Où se passe cette histoire?
(*c*) Qu'est-ce que le monsieur regarde?
(*d*) Quelle est sa première question?
(*e*) Donnez la réponse du garçon.
(*f*) Quelle question est-ce que le client pose ensuite?
(*g*) Quel est le prix du pain?
(*h*) Qu'est-ce que le client demande au garçon de lui donner?

5 *How five and two make eight*

À l'école les enfants apprennent à compter. La maîtresse demande:

— Louis, dis-moi combien font cinq et deux . . . eh bien?

— Je ne sais pas, mademoiselle.

— Écoute. Si je te donne cinq lapins et que ton oncle t'en donne encore deux, combien de lapins vas-tu avoir?

— Huit, mademoiselle.

— Huit! Mais Louis, tu sais que cinq lapins et deux lapins ne font pas huit lapins. Essaie de compter mieux.

— Mais, mademoiselle, c'est bien huit lapins que je vais avoir, parce que j'en ai déjà un à la maison.

(*a*) Qu'est-ce que les enfants apprennent à faire?
(*b*) Quelle est la question de la maîtresse?
(*c*) Combien font vraiment cinq et deux?
(*d*) Pourquoi Louis dit-il qu'il va avoir huit lapins?

6* *Not lost*

Henri et Jules travaillent sur un bateau. Ils sont marins. Un jour, Henri demande à Jules de lui prêter sa belle montre en argent.

— Oui, si tu veux, mon ami, répond Jules, mais ne la perds pas, parce que les montres en argent coûtent très cher.

Trois jours plus tard, pendant qu'Henri se baisse pour ramasser quelque chose, il a le malheur de laisser tomber à la mer la belle montre de Jules. Il va trouver son ami et lui demande:

— Jules, peut-on dire qu'une chose est perdue quand on sait où elle est?

— Non, répond Jules, si on sait où elle est, on ne peut pas dire qu'elle est perdue.

— Eh bien! Ta montre n'est pas perdue, parce que je sais où elle est; elle est au fond de la mer.

(*a*) Où est-ce que Jules et Henri travaillent?
(*b*) Quel malheur arrive à Henri?
(*c*) Qu'est-ce qu'Henri demande à Jules?
(*d*) Où est la montre de Jules?
(*e*) Que dit Jules, pensez-vous, quand il apprend que sa belle montre est au fond de la mer?

7* *Very clear soup*

Un jour, à Paris, un monsieur entre dans un restaurant et s'assied à une table près de la fenêtre. Le garçon arrive et le client commande de la soupe aux légumes.

Bientôt le garçon revient, il met devant le monsieur une assiette, et s'en va. Le client attend quelques minutes, puis, parce qu'il n'a pas beaucoup de temps, il appelle le garçon.

— Garçon, dit-il, servez-moi de la soupe, s'il vous plaît, je suis pressé. Et enlevez cette assiette, elle est mouillée.

— Mouillée! dit le garçon en colère, mais c'est votre soupe qui est dedans!

(*a*) Où est-ce que cette histoire se passe?
(*b*) Qu'est-ce que le client commande?
(*c*) Pourquoi est-ce que le client dit au garçon d'enlever l'assiette?
(*d*) Pourquoi est-ce que le garçon se met en colère?

8 *The biter bit*

Édouard revient à la maison pour les vacances. À l'école il apprend de l'arithmétique et il travaille très bien. Maintenant il se hâte de montrer à son père tout ce qu'il sait.

— Papa, dit-il, voici une assiette. Tu crois que tu vois deux petits gâteaux dessus, n'est-ce pas? Eh bien, je vais te montrer que tu as tort et qu'il y en a trois. Regarde bien. En voici un, en voici deux; deux et un font trois. Il y a donc trois gâteaux sur cette assiette.

— C'est vrai, dit le père. Je vois que tu es très intelligent et que tu sais très bien compter. Parce que c'est à cause de toi qu'il y a un troisième gâteau sur l'assiette, je vais te donner une récompense. Moi, je prends le premier gâteau, ta mère le second, et toi, mon garçon, tu vas garder le troisième pour toi seul.

(*a*) Quand Édouard revient de l'école, qu'est-ce qu'il veut montrer à son père?
(*b*) Combien de gâteaux y a-t-il vraiment sur l'assiette?
(*c*) Qu'est-ce qu'Édouard reçoit comme récompense?

9 *Grocers are useful*

Un petit garçon entre un jour chez un épicier et lui demande:

— Combien coûte une livre de café?

— Quatre francs cinquante, répond l'épicier.

— Et un kilo de sucre?

— Un franc dix.

— Combien d'argent est nécessaire pour acheter trois livres de café et deux kilos de sucre?

— Quinze francs soixante-dix.

— Et si je vous donne un billet de cinquante francs, combien de monnaie allez-vous me rendre?

— Trente-quatre francs trente.

— Voulez-vous m'écrire tout cela sur un petit bout de papier, monsieur?

— Certainement, mon petit garçon, avec plaisir. Voilà. Mais dis-moi, pourquoi veux-tu . . .?

— C'est le devoir que je dois faire pour la maîtresse à l'école. Merci bien, monsieur.

Et le petit garçon, très heureux, sort de l'épicerie.

(*a*) Combien coûte une livre de café?
(*b*) Quel est le prix d'un kilo de sucre?
(*c*) Combien coûtent trois livres de café et deux kilos de sucre?
(*d*) Pourquoi est-ce que le petit garçon pose toutes ces questions à l'épicier?

10 *The broomseller and the barber*

Un marchand de balais entre un jour chez un coiffeur et lui demande de le raser.

Quand son travail est fini, le coiffeur veut acheter au marchand un de ses balais.

— Combien les vendez-vous? demande-t-il.

— Quatre francs.

— C'est trop, dit le coiffeur. Voici deux francs et si vous n'êtes pas content, reprenez votre balai.

L'homme accepte les deux francs et demande à son tour au coiffeur ce qu'il lui doit.

— Deux francs, répond le coiffeur.

— Voici un franc, dit le marchand de balais, et si vous n'aimez pas cela, remettez ma barbe en place.

(*a*) Qu'est-ce que le marchand de balais demande au coiffeur de faire?
(*b*) Qu'est-ce que le coiffeur veut acheter?
(*c*) Quel est le prix d'un balai?
(*d*) Combien est-ce que le coiffeur donne au marchand de balais?
(*e*) Combien est-ce que le marchand doit au coiffeur?

11* *The elephant's revenge*

Tous les jours un éléphant va boire dans la petite rivière qui coule à côté du cirque où il travaille. Sur sa route il passe toujours devant la boutique d'un tailleur qui lui donne chaque fois un biscuit.

Un jour il tend sa trompe (c'est ainsi que s'appelle le long nez d'un éléphant) pour recevoir son biscuit, mais le tailleur, pour s'amuser, la pique avec son aiguille.

L'éléphant, très en colère, court à la rivière et remplit d'eau sa trompe. Puis, aussi vite que possible, il retourne à la boutique du tailleur et lui lance au visage toute l'eau qu'il garde dans sa trompe.

(*a*) Pourquoi est-ce que l'éléphant va tous les jours à la rivière?
(*b*) Qui lui donne chaque fois un biscuit?
(*c*) Que fait le tailleur quand l'éléphant lui tend sa trompe?
(*d*) Que fait l'éléphant quand il arrive à la rivière?
(*e*) Que fait-il quand il revient à la boutique du tailleur?

12* *The perfect waiter*

Monsieur Legros est dans un restaurant. Il vient de faire un très bon dîner et il n'a plus faim. Mais un gros morceau de poulet reste encore sur le plat. M. Legros aime beaucoup le poulet et ne veut pas le perdre. Alors il prend le morceau de poulet et le met doucement dans sa poche.

Le garçon de café voit ce qu'il fait, mais il ne dit rien. Juste au moment où M. Legros va sortir du restaurant, il prend la sauce et la verse dans la poche du client.

M. Legros sent la sauce chaude qui coule sur sa jambe.

— Que faites-vous, garçon? dit-il en colère.

— C'est de la sauce pour le poulet, monsieur. L'un ne va pas sans l'autre.

(*a*) Pourquoi est-ce que M. Legros n'a plus faim?
(*b*) Pourquoi ne veut-il pas perdre le poulet?
(*c*) Où est-ce qu'il le met?
(*d*) Que fait le garçon de café?
(*e*) Comment est-ce que M. Legros sait qu'il y a de la sauce dans sa poche?
(*f*) Pourquoi est-ce que le garçon verse la sauce sur le poulet?

13* *A witty reply*

Un jour un monsieur bien habillé se promène dans un village de campagne. Il vient de pleuvoir et la route est mouillée et couverte de boue. Il marche avec soin sur le bord du trottoir parce que c'est le seul endroit sec. Tout à coup il se trouve en face d'un gros paysan. Les deux hommes s'arrêtent. Le monsieur regarde le paysan. Le paysan regarde le monsieur.

— Laissez-moi passer, dit le paysan. Je n'ai pas l'habitude de céder ma place à des idiots.

— Moi, au contraire, répond le monsieur, c'est seulement à des idiots que je cède ma place.

Et il marche dans la boue à côté du trottoir pour laisser passer le gros paysan.

(*a*) Comment est la route?
(*b*) Pourquoi est-ce que la route est mouillée?
(*c*) Pourquoi est-ce que le monsieur marche sur le bord du trottoir?
(*d*) Qu'est-ce que le paysan dit au monsieur de faire?
(*e*) Que fait le monsieur?

14 *A cheap ride*

Une nuit quelqu'un sonne à la porte d'un médecin. Il fait très mauvais temps; il pleut et le vent est très fort.

Le docteur se lève, ouvre sa fenêtre et aperçoit un homme en bas.

— Docteur, s'écrie l'homme, pouvez-vous me conduire chez ma sœur? Elle habite à cinq kilomètres d'ici. C'est très urgent.

— Oui, dit le docteur.

— Quel est votre prix?

— Vingt francs.

— Très bien, ça va.

Le docteur ferme la fenêtre, s'habille et va sortir sa voiture du garage.

Quand ils arrivent enfin à la maison, le client descend de la voiture, tend vingt francs au médecin et lui dit:

— Ne descendez pas, docteur, ce n'est pas la peine. Ma sœur va très bien.

— Alors pourquoi me demander de vous conduire ici?

— Parce que tous les chauffeurs de taxi veulent quarante francs pour le même voyage.

(*a*) Pourquoi est-ce que le docteur se lève?
(*b*) Qu'est-ce que le client demande au docteur de faire?
(*c*) Quel prix est-ce que le docteur demande?
(*d*) Est-ce que la sœur du client est vraiment malade?
(*e*) Pourquoi est-ce que le client demande au docteur de le conduire chez sa sœur?

15* *All languages spoken here*

Sur la porte d'un petit hôtel de campagne en France il y a un avis qui porte les mots, «Ici on parle toutes les langues.» Un homme qui passe devant l'hôtel aperçoit cet avis, s'arrête et le lit. Puis il entre dans l'hôtel et demande à voir le patron. Quand le patron arrive, l'homme lui parle d'abord dans une langue étrangère, puis dans une autre, ensuite dans une troisième langue, mais le patron n'a pas l'air de comprendre un seul mot de ce qu'il dit. Enfin l'homme lui demande en français:

— Pouvez-vous me dire, monsieur, qui, dans cet hôtel, parle toutes ces langues étrangères?

Le patron lui répond avec un rire:

— C'est facile, monsieur. Ce sont les voyageurs eux-mêmes!

(*a*) Qu'est-ce qui est écrit sur l'avis?
(*b*) Pourquoi est-ce que l'homme s'arrête devant l'hôtel?
(*c*) Est-ce que le patron comprend quand l'homme lui parle dans des langues étrangères?
(*d*) Qui, dans l'hôtel, parle toutes les langues, si ce n'est pas le patron?

16 *The best moment*

Le maître d'une petite école de campagne parle en classe des saisons.

— Il y a quatre saisons dans une année, dit-il. Le printemps, l'été, l'automne et l'hiver. Au printemps toutes les prairies sont couvertes de fleurs; en été il fait très chaud, on récolte les foins et le blé; en automne les fruits sont mûrs et les feuilles deviennent rouges et jaunes; en hiver il fait froid et les champs sont blancs de neige. . . . Eh bien! Jacques, est-ce que tu m'écoutes? Non, tu dors! Lève-toi et dis-moi quel moment il faut choisir pour cueillir les pommes.

Jacques se lève tout de suite et répond:

— Le moment où il n'y a personne dans la ferme et où il n'y a pas de chien dans le jardin.

(*a*) Où est-ce que cette histoire se passe?
(*b*) Combien de saisons y a-t-il? Nommez-les.
(*c*) Comment sont les prairies au printemps?
(*d*) Qu'est-ce que les fermiers récoltent en été?
(*e*) Comment sont les fruits en automne?
(*f*) Comment sont les champs en hiver?

17 *The doctor knows best*

Un jour M. Duval, qui traverse la rue dans une grande ville, est renversé par un autobus qui passe. On porte le blessé jusque chez lui et on fait venir le médecin qui se met tout de suite à examiner avec soin toutes les parties de son corps. D'abord les jambes, puis les bras, ensuite la tête. Pendant tout ce temps le malade ne dit pas un seul mot.

Enfin le docteur lève les yeux et dit:

— C'est sérieux, c'est très sérieux.

— Oh, mon pauvre mari, s'écrie Mme Duval, et elle se met à pleurer.

— Oui, ajoute le médecin, c'est vraiment très sérieux; il est mort.

À ces mots M. Duval ouvre les yeux et essaie de se lever.

— Mais non! dit-il. Je ne suis pas mort!

— Tais-toi! répond sa femme, le docteur sait beaucoup mieux que toi.

(*a*) Quel accident arrive à M. Duval?
(*b*) Quel homme fait-on venir?
(*c*) Que fait le docteur quand il arrive?
(*d*) Qu'est-ce que le docteur dit enfin?
(*e*) Est-ce que M. Duval est d'accord avec le docteur?
(*f*) Que dit sa femme?

18* *Mind the dog!*

Un jour M. Dupont invite son meilleur ami, M. Dubois, à déjeuner dans un restaurant de Lyon.

— Je vais t'attendre à la porte à midi, dit-il.

Mais malheureusement Dubois arrive dix minutes en retard et Dupont n'est pas là. Écrit sur la porte il voit: «Faites attention au chien.» Comme il a peur des chiens, M. Dubois attend son ami tranquillement devant la porte.

Une heure plus tard, M. Dupont sort du restaurant après un excellent repas.

— Ah! voilà mon ami Dubois, dit-il. Il est une heure dix. Pourquoi attends-tu là?

— Mais, à cause du chien. . . .

Monsieur Dupont rit très fort.

— Mon pauvre Dubois, dit-il, le chien est si petit que le patron a peur que les clients marchent sur le pauvre petit animal quand ils entrent!

(*a*) Dans quelle ville est le restaurant où Dupont invite son ami à déjeuner?
(*b*) Pourquoi est-ce que Dupont n'est pas là?
(*c*) Pourquoi est-ce que Dubois n'entre pas dans le restaurant?
(*d*) Pourquoi est-ce que les mots «Faites attention au chien» sont écrits sur la porte?

19* *An intelligent dog*

Monsieur Martin est un vieil homme qui habite tout seul en dehors de la ville. Il a un petit chien et il lui donne tous les jours un franc. Avec cet argent le chien achète un paquet de biscuits chez l'épicier. Un jour l'épicier rencontre M. Martin et lui demande:

— Pourquoi est-ce que votre petit chien ne vient plus à ma boutique chercher ses biscuits?

— Mais je ne comprends pas, dit M. Martin, vous dites qu'il ne vient plus chez vous? C'est très curieux, parce que je lui donne tous les jours de l'argent.

Alors, la prochaine fois qu'il donne un franc à son chien, il décide de le suivre.

Le chien prend l'argent et va droit au fond du jardin où il cache le franc dans un trou. Pendant plusieurs jours il fait la même chose, puis, un beau matin, il ramasse tout son argent, sort du jardin et s'en va à la boucherie où il achète des os et un beau morceau de viande.

(*a*) Où est-ce que M. Martin habite?
(*b*) Qu'est-ce qu'il donne tous les jours à son chien?
(*c*) Qui est-ce que l'épicier rencontre un jour?
(*d*) Que fait M. Martin la prochaine fois qu'il donne de l'argent à son chien?
(*e*) Où est-ce que le chien met son argent?
(*f*) Qu'est-ce qu'il fait quand il a assez d'argent?

20* *The real reason*

Un vieux monsieur et sa femme se promènent près d'un cirque. Devant le cirque ils voient l'homme qui s'occupe des éléphants. Il est assis sur le corps d'un éléphant mort et il pleure comme un enfant. Le vieux monsieur et sa femme sont très tristes de le voir pleurer, parce qu'eux aussi aiment beaucoup les animaux.

— Mon pauvre ami, lui dit le vieux monsieur, nous comprenons très bien pourquoi vous pleurez tant. La mort d'un ami si cher doit être pour vous un coup très dur.

— Oh, ça, vous savez, répond l'homme, ce n'est pas pour la mort de cette bête que je pleure, mais c'est moi qui dois l'enterrer!

(*a*) Où est-ce que cette histoire se passe?
(*b*) Où est-ce que l'homme qui s'occupe des éléphants est assis?
(*c*) Que fait-il?
(*d*) Pourquoi est-ce que le vieux monsieur et sa femme sont tristes aussi?
(*e*) Pourquoi est-ce que l'homme pleure? (Donnez la vraie raison.)

21 *The miser and the monkey*

Un jour un vieil avare achète, à un prix très bas, un joli petit singe. Il espère sans doute le vendre beaucoup plus cher à un de ses clients. Comme il n'a pas de ficelle pour attacher la bête, il sort en acheter et laisse le singe tout seul à la maison.

Bientôt après le départ de son maître, le petit animal se met à regarder par la fenêtre. Comme il regarde dans la rue, il voit un monsieur riche jeter une pièce de monnaie à un homme pauvre qui se tient au bord du trottoir. Tout de suite il court vers l'endroit où l'avare garde son argent, ouvre la boîte et se met à lancer par la fenêtre les pièces d'argent qu'il trouve là-dedans. Les gens dans la rue, très heureux d'avoir une chance pareille, courent vite ramasser l'argent qui pleut du ciel. Quand l'avare revient à la maison et regarde dans la boîte, il trouve seulement la moitié de sa fortune.

(*a*) Est-ce que l'avare paye beaucoup d'argent pour le singe?
(*b*) Pourquoi est-ce qu'il sort?
(*c*) Que fait le singe bientôt après le départ de l'avare?
(*d*) Qu'est-ce qu'il voit dans la rue?
(*e*) Qu'est-ce qu'il fait alors?
(*f*) Quand l'avare rentre, quelle partie de sa fortune reste dans la boîte?

22* *The beast is dead*

Un jour pendant une expédition dans un pays étranger, un Français est pris par des sauvages. Un grand sauvage noir lui enlève sa belle montre en or. Puis lui et les autres conduisent leur captif devant leur chef. Le Français demande au chef s'il peut avoir sa montre. «C'est un cadeau de ma chère mère qui est morte, dit-il, c'est pourquoi je ne veux pas la perdre. Je peux vous offrir une somme d'argent pour la montre si vous voulez dire à cet homme de me la rendre.»

Le chef, touché par ces mots, se tourne vers le sauvage qui a la montre et lui dit de la rendre au Français.

Le sauvage lève la montre et la met contre son oreille. Il écoute avec attention, mais il n'entend rien. La montre ne fait plus son joli tic-tac.

— Bon, dit-il, la voilà. Je ne veux plus la garder. La bête est morte.

(*a*) Que fait le grand sauvage quand il prend le Français?
(*b*) Où est-ce que les sauvages conduisent leur captif?
(*c*) Pourquoi est-ce que le Français ne veut pas perdre sa montre en or?
(*d*) Que fait le sauvage quand le chef lui dit de rendre la montre?
(*e*) Pourquoi est-ce qu'il ne veut pas garder la montre?

23 *Not worth while*

Un matin, vers midi et demi, M. Galette, qui est très riche, regarde sa belle voiture. Il est en colère parce qu'elle est sale et il veut sortir. Il appelle son chauffeur.

— Louis, lui dit-il, vous êtes à mon service pour me conduire et pour laver ma voiture quand elle est sale. Regardez-la maintenant. Elle est couverte de boue et de poussière.

— Mais, monsieur, répond Louis, regardez le temps. Il pleut très fort. Ce n'est pas la peine de nettoyer la voiture. Si vous sortez, au bout de trois heures elle va être aussi sale que maintenant.

— Très bien, Louis, dit M. Galette. Conduisez-moi chez mon cousin à la campagne.

— Mais, monsieur, proteste le chauffeur, il est midi et demi. Je vais déjeuner. J'ai très faim.

— Pourquoi? Ce n'est pas la peine de manger. Au bout de trois heures vous allez avoir aussi faim que maintenant. Partons tout de suite et ne perdons pas de temps.

(*a*) Pourquoi est-ce que M. Galette est en colère?
(*b*) Pour quoi faire est-ce que Louis est au service de M. Galette?
(*c*) Que dit le chauffeur quand M. Galette lui dit de laver sa voiture?
(*d*) Que dit M. Galette quand Louis dit qu'il veut déjeuner?

24 *A lesson in generosity*

Un jour, dans une grande école, un étudiant voit qu'il a besoin d'un certain livre. Il va donc trouver un de ses amis qui a ce livre, et lui demande de le lui prêter. Mais l'autre étudiant, qui n'aime pas du tout prêter ses livres, répond:

— Mes livres ne sortent jamais de ma chambre. Si vous avez besoin de regarder ce livre, venez travailler ici.

Quelques jours plus tard ce même étudiant a du mal à allumer son feu. Il sait que son ami, le premier étudiant, a un soufflet et il va dans sa chambre le lui demander.

— Certainement, dit le premier étudiant, avec le plus grand plaisir, mais mon soufflet ne sort jamais de ma chambre. Si vous voulez vous servir de mon soufflet, apportez votre feu ici.

(*a*) Qui sont les deux personnes dans cette histoire?
(*b*) Quelle chose est-ce que le premier étudiant désire?
(*c*) Que dit son ami?
(*d*) De quoi est-ce que le second étudiant a besoin pour allumer son feu?
(*e*) Qu'est-ce que le premier étudiant dit à son ami de faire?
(*f*) À votre avis, est-ce possible de faire cela?

25 *A tall story*

Quelques personnes écoutent avec beaucoup d'attention un homme qui vient de voyager dans toutes les parties du monde. Il parle de toutes les choses étonnantes qu'on peut voir dans ces différents pays.

— Par exemple, dit-il, il y a dans un de ces pays étrangers, très loin d'ici, un certain légume qui pousse en hiver. Il est si grand et si haut que plus de cinquante hommes peuvent se tenir à l'ombre de ses feuilles.

— Et moi, dit une des personnes qui l'écoutent, je sais que dans ce même pays il y a une armée d'ouvriers qui sont en train de construire une marmite colossale. Une centaine d'hommes travaillent à l'intérieur et une centaine à l'extérieur.

— Mais, monsieur, dit le voyageur, c'est bête! Pourquoi ont-ils besoin d'une marmite aussi grande que ça?

— Pour faire cuire votre légume, répond l'homme avec un gros rire.

(*a*) Pourquoi est-ce qu'on écoute le voyageur avec beaucoup d'attention?
(*b*) Qu'est-ce qui pousse en hiver dans un des pays étrangers?
(*c*) Qui construit la marmite colossale?
(*d*) Pourquoi a-t-on besoin de cette marmite?

26* *The absent-minded professor*

Le vieux professeur Lesavant est très intelligent; il est si intelligent qu'il n'a jamais le temps de penser aux petites choses simples de la vie et sa tête est toujours pleine de grandes idées.

Un jour il est dans son cabinet en train de chercher la

solution d'un problème très difficile. Comme il n'a pas assez de temps pour aller déjeuner avec sa famille, il demande à sa femme de ménage de lui apporter une casserole et un œuf. «Je vais le faire bouillir moi-même,» dit-il.

La femme lui apporte la casserole, l'œuf et une montre. «Ne laissez pas l'œuf plus de trois minutes dans l'eau, monsieur,» lui dit-elle.

Quand elle revient un peu plus tard, elle trouve le professeur à genoux devant le feu. Dans la main gauche il tient l'œuf qu'il regarde avec beaucoup d'attention, pendant que la montre cuit au fond de la casserole.

(*a*) Pourquoi est-ce que le professeur n'a jamais le temps de penser aux choses simples de la vie?
(*b*) Qu'est-ce qu'il demande à sa femme de ménage de lui apporter?
(*c*) Quel conseil est-ce que la femme donne à son maître?
(*d*) Quand la femme de ménage revient, où est l'œuf?
(*e*) Et où est la montre?

27* *The inquisitive nurse*

Madame Laroche est encore à l'hôpital. Elle va beaucoup mieux maintenant et elle n'est plus vraiment malade. On lui permet de se lever pendant la journée, mais elle n'a pas encore le droit de sortir de la salle. Aujourd'hui elle est assise à une table en train de finir une lettre à sa sœur. Tout à coup elle s'aperçoit qu'une des infirmières se tient derrière elle et regarde ce qu'elle écrit. Elle ne dit rien, mais elle ajoute dans sa lettre:

«Je ne peux pas continuer ma lettre parce qu'il y a une infirmière très curieuse qui se tient derrière moi et qui lit tout ce que j'écris.»

— Ah, madame, non! Je proteste! dit l'infirmière. Ce n'est pas vrai! Je ne lis jamais les lettres des malades.

(*a*) Où est Madame Laroche?
(*b*) Que fait-elle?
(*c*) Pourquoi ne peut-elle pas continuer sa lettre?
(*d*) Comment est l'infirmière?
(*e*) Est-ce que l'infirmière dit la vérité quand elle dit qu'elle ne lit jamais les lettres des malades?

28* *It served him right*

Un jeune homme, qui va faire un voyage par le train, arrive à la gare bien avant le départ du train. Il monte dans un compartiment et choisit une bonne place. Puis, pour empêcher les autres voyageurs d'entrer dans son compartiment, il met ses valises et toutes ses affaires sur les autres places.

Juste avant le départ du train, un autre voyageur arrive et entre dans son compartiment. Il regarde les valises, les journaux et les autres choses.

— Est-ce que toutes ces places sont prises? demande-t-il.

— Oui, monsieur, répond le jeune homme. Ces valises sont à mes amis qui sont en train d'acheter encore des journaux.

À ce moment le train commence lentement à quitter la gare. Le voyageur prend les valises du jeune homme et les jette par la fenêtre.

— Vos amis vont manquer leur train, dit-il. Il ne doivent pas perdre aussi leurs valises.

(*a*) Pourquoi est-ce que le jeune homme arrive de bonne heure?
(*b*) Que fait-il pour empêcher les autres voyageurs d'entrer dans son compartiment?
(*c*) Qu'est-ce que le voyageur qui arrive au dernier moment veut savoir?
(*d*) Que fait-il quand le train commence à quitter la gare?

29* *A clever trick*

Un soir d'hiver qu'il fait très froid, un voyageur arrive dans un petit hôtel de campagne. La salle à manger est pleine de monde et il ne peut pas trouver une place près du feu.

Tout à coup il a une idée.

— Patron, dit-il, voulez-vous porter une douzaine d'huîtres à mon cheval.

— Des huîtres à votre cheval? demande l'homme très étonné.

— Oui, il les aime beaucoup.

Le patron met les huîtres dans un panier et sort les porter à l'animal. Tout de suite tous les autres voyageurs quittent le feu pour aller voir ce cheval étonnant qui mange des huîtres. Pendant qu'ils sont à l'extérieur, le voyageur s'installe à la meilleure place devant le feu.

Au bout de quelques minutes le patron revient et dit que le cheval ne veut pas manger les huîtres.

— Ah, dit le voyageur, il est souvent comme ça. Quelquefois il en veut, quelquefois il n'en veut pas. Alors, apportez-moi les huîtres et donnez-lui du foin.

(*a*) Pourquoi est-ce que le voyageur ne peut pas trouver une place près du feu?

(*b*) Qu'est-ce qu'il demande au patron de faire?

(*c*) Pourquoi peut-il maintenant s'installer près du feu?

(*d*) Que dit le voyageur quand il apprend que son cheval ne veut pas manger les huîtres?

30* *Uncle Raymond's vase*

Madame Laroche a un oncle—son oncle Raymond. Elle ne l'aime pas beaucoup, mais parce que Noël n'est pas loin, elle doit lui acheter quelque chose. Elle choisit donc un beau vase bleu. «Je vais le lui envoyer par la poste,» dit-elle, et elle demande à Madame Maladroit, sa femme de ménage, de l'envelopper.

Malheureusement, pendant qu'elle enveloppe le vase, elle marche sur la queue du chat qui pousse un cri très fort. Madame Maladroit a peur et laisse tomber le vase qui se casse en mille morceaux.

— Ça ne fait rien, dit Mme Laroche. Enveloppez les morceaux quand même. Mon oncle va penser que c'est à cause de la poste que le vase est cassé.

— Très bien, madame, répond la femme de ménage qui fait toujours ce qu'on lui dit de faire, mais qui n'est pas très intelligente.

Avec beaucoup de soin, elle enveloppe chaque morceau dans un petit bout de papier. Puis, elle met tous les petits paquets l'un à côté de l'autre dans une boîte qu'elle porte à la poste.

Je me demande ce que le pauvre oncle Raymond pense quand il les reçoit!

(*a*) Qu'est-ce que Mme Laroche achète pour son oncle?
(*b*) Qu'est-ce qu'elle demande à sa femme de ménage de faire?
(*c*) Pourquoi est-ce que Mme Maladroit laisse tomber le vase?
(*d*) Qu'est-ce que Mme Laroche espère que son oncle va penser?
(*e*) La femme de ménage fait quelque chose de bête. Quoi?

31* *D'Assas, a French hero*

En 1760 (dix-sept cent soixante) un régiment de soldats français se bat contre l'ennemi dans un pays étranger. Ce régiment occupe le bord d'un bois. Pendant la nuit un des soldats, qui s'appelle d'Assas, a peur d'une surprise et entre seul dans le bois pour être sûr que l'ennemi n'est pas là.

C'est très dangereux, parce qu'il fait nuit noire, mais quand même il continue à s'avancer lentement. Tout à coup il sent plusieurs lances tenues contre sa poitrine; une voix dit à son oreille:

— Si tu dis un mot tu es mort.

C'est un groupe de soldats ennemis qui espèrent tuer les Français pendant qu'ils dorment. D'Assas ne pense pas un seul moment à sa propre vie. Aussi fort que possible il crie:

«Attention! C'est l'ennemi!»

Il tombe mort avec douze lances dans la poitrine, mais le régiment est sauvé.

(*a*) Où est le régiment français?
(*b*) Pourquoi est-ce que d'Assas entre dans le bois au milieu de la nuit?
(*c*) Pourquoi est-ce que c'est dangereux?
(*d*) Qu'est-ce que d'Assas sent tout à coup contre sa poitrine?
(*e*) Que fait-il?
(*f*) Est-ce qu'il meurt?

32* *The patient's revenge*

Monsieur Lafigue est malade. Il ne mange pas beaucoup et il dort très mal. Enfin il décide d'aller voir le docteur Stéthoscope qui est un très bon docteur, mais qui a la réputation d'être très cher.

M. Lafigue entre dans le cabinet du médecin, qui l'examine avec le plus grand soin. Puis le docteur prend un verre avec quelques gouttes d'eau dedans, le tient sous le nez du client et lui dit de bien respirer. M. Lafigue respire.

— Voilà, dit le docteur, vous êtes guéri.

M. Lafigue a de la peine à cacher sa surprise.

— Je suis guéri! dit-il.

— Oui, monsieur, vous êtes guéri.

— Combien est-ce que je vous dois, alors?

— Cinquante francs, monsieur.

M. Lafigue, qui trouve que le prix est un peu fort, tire cinq billets de dix francs de sa poche et les tient sous le nez du docteur.

— Respirez, monsieur, dit-il.

Sans attendre sa réponse, il ajoute:

— Voilà, monsieur, vous êtes payé, et il sort très vite du cabinet avec les billets.

(*a*) Quelle réputation a le docteur Stéthoscope?
(*b*) Qu'est-ce que le docteur tient sous le nez du client?
(*c*) Qu'est-ce que le docteur dit à son client de faire?
(*d*) Qu'est-ce que M. Lafigue tient sous le nez du docteur?
(*e*) Qu'est-ce qu'il dit au docteur de faire?

33 *Not high enough*

Un paysan, qui passe la journée à Paris, monte dans un autobus où il y a beaucoup de monde. Quand il en descend, il met la main dans sa poche et s'aperçoit qu'il n'a plus son portefeuille. Comme il ne connaît personne à Paris, il n'a pas d'amis chez qui il peut passer la nuit et il doit aller à l'hôtel.

— Avez-vous des chambres libres? demande-t-il.

— Oui, monsieur, répond le patron de l'hôtel.

— Quels sont vos prix?

— Trente francs pour la chambre au premier étage, vingt-cinq francs au deuxième étage, vingt francs au troisième étage, quinze francs au quatrième étage, et cætera, jusqu'au septième étage.

Le paysan cherche son argent et compte combien de francs il a, puis il les remet dans sa poche, dit «Merci» et se retourne pour sortir.

— Alors vous ne prenez pas de chambre, monsieur? demande le patron.

— Malheureusement non, monsieur. Votre hôtel n'est pas assez haut.

(*a*) Où est-ce que le paysan perd son portefeuille?
(*b*) Pourquoi doit-il passer la nuit dans un hôtel?
(*c*) Quelles sont les deux questions que le paysan pose au patron de l'hôtel?
(*d*) Pourquoi est-ce que le paysan ne prend pas de chambre?

34 *An unlikely tale*

Il est une heure du matin. Tout à coup le téléphone sonne chez le docteur Lemaire. Il se réveille et prend l'appareil. Une voix d'homme à l'autre bout du fil lui parle très fort:

— Allô! C'est le docteur Lemaire? Ici Jean Duclos. Venez vite, docteur, c'est très sérieux. Vous vous rappelez que ma femme a la mauvaise habitude de dormir la bouche ouverte? Eh bien, une souris vient d'entrer dans sa bouche.

— Très bien, répond le médecin, j'arrive dans cinq minutes. En attendant, allez chercher un morceau de fromage et tenez-le devant la bouche de votre femme. Comme ça la souris va peut-être sortir.

Cinq minutes après le docteur arrive à la maison de son client et que voit-il? Jean Duclos tient un gros poisson devant la bouche ouverte de sa femme.

— Mon Dieu! Que faites-vous là? s'écrie le docteur. Ce n'est pas un morceau de fromage!

— Je sais bien, docteur, mais l'affaire est maintenant beaucoup plus sérieuse. J'essaie de faire sortir le chat!

(*a*) Qu'est-ce qui réveille le docteur Lemaire?
(*b*) Qu'est-ce qui arrive à la femme de Jean Duclos?
(*c*) Quel est le conseil du docteur?
(*d*) Quand le docteur arrive qu'est-ce que son client tient devant la bouche ouverte de sa femme?
(*e*) Qu'est-ce qu'il essaie de faire?

35 *Alexander and Diogenes*

Voici une histoire sur le roi Alexandre le Grand. Un jour qu'il se promène dans sa capitale, il décide d'aller voir Diogène, le vieux sage. Diogène croit que les hommes sont plus heureux s'ils vivent d'une façon très simple. C'est pourquoi il n'a pas de maison et habite un tonneau. Alexandre le trouve en train de réparer son tonneau.

— Bonjour, Diogène, lui dit-il, je suis le grand roi Alexandre.

— Et moi, je suis le vieux Diogène, répond le sage.

— N'as-tu pas peur de moi? demande Alexandre.

— Es-tu bon ou mauvais?

— Je suis bon.

— Eh bien, qui est-ce qui a peur de ce qui est bon?

— Je veux faire quelque chose pour toi, continue le roi. Que veux-tu?

— Que tu bouges un peu. Tu empêches le soleil d'entrer dans mon tonneau.

— Voilà l'homme le plus heureux du monde, dit le roi. Il n'a besoin de rien.

(*a*) Où est-ce qu'Alexandre le Grand se promène?
(*b*) Où est-ce que Diogène habite?
(*c*) Qu'est-ce qu'il y a d'habitude dans un tonneau?
(*d*) Pourquoi est-ce que Diogène n'a pas peur du roi?
(*e*) Qu'est-ce que Diogène demande au roi de faire?
(*f*) Que dit Alexandre?

36* *The peasant and the Bible*

Un jour un prêtre, qui fait le tour de ses villages, s'arrête chez un vieux paysan, frappe à la porte et, parce qu'il a soif, demande à boire.

— Entrez, mon père, dit le vieil homme. Asseyez-vous, s'il vous plaît. Je vais aller vous chercher de l'eau.

Près de sa chaise, sur une petite table, le prêtre aperçoit un vieux livre tout couvert de poussière. Il le prend, l'ouvre et voit que c'est une Bible. Il tire de sa poche quelques billets de dix francs, les place entre les pages, et remet le livre à sa place.

Quand le paysan revient avec le verre d'eau, le prêtre lui demande:

— Est-ce que vous lisez souvent la Bible?

— Oui, mon père, répond l'homme, tous les jours.

— Très bien, je suis heureux de l'entendre.

Quelques mois après le prêtre retourne à la maison du paysan. Le livre est encore au même endroit, toujours couvert de poussière. Devant le paysan étonné, le prêtre ouvre la Bible et lui montre les billets qu'il remet dans sa poche.

— Lisez plus souvent votre Bible, mon ami, dit-il.

(*a*) Pourquoi est-ce que le prêtre s'arrête chez le paysan?
(*b*) Qu'est-ce qu'il fait quand il voit la Bible couverte de poussière?
(*c*) Comment sait-on que le paysan ne lit pas souvent sa Bible?
(*d*) Le paysan dit qu'il lit sa Bible tous les jours. Est-ce vrai?
(*e*) Pourquoi est-ce que le paysan ne trouve pas les billets?

37* *He got what he asked for*

Monsieur Desmoulins dîne au restaurant. Le garçon qui le sert est très lent, travaille très mal et oublie tout. M. Desmoulins est obligé de demander d'abord un couteau et une fourchette qui manquent, puis du sel et différentes autres choses.

Enfin le garçon apporte le café. Cette fois-ci c'est la cuiller qui manque.

— Écoutez, garçon, dit M. Desmoulins. Je suis tout à fait prêt à remuer le sucre avec mon petit doigt, mais ce café me paraît trop chaud pour cela.

Le garçon enlève tout de suite la tasse et s'en va. Une minute après il revient avec une autre tasse qu'il pose sur la table devant le client. Cette tasse n'a pas de cuiller non plus.

— Voilà, monsieur, dit le garçon. Ce café est presque froid. Comme ça vous n'allez pas vous brûler.

(*a*) Comment travaille le garçon qui sert M. Desmoulins?
(*b*) Qu'est-ce que le client doit demander?
(*c*) Quand le garçon lui apporte une tasse de café, qu'est-ce qui manque?
(*d*) Pourquoi est-ce que le client ne remue pas son café avec le petit doigt?
(*e*) Comment est le café que le garçon apporte la deuxième fois?

38* *The two champions*

«Ouf!» dit M. Charles. Il porte une grosse valise et il est fatigué parce qu'il fait très chaud. Il a faim aussi. À ce moment-là il aperçoit un petit restaurant. «Ah, dit-il, je vais déjeuner,» et il y entre. Mais où va-t-il mettre sa valise? Il y a beaucoup de choses importantes dedans. Il ne peut pas la garder avec lui dans le restaurant parce qu'il n'y a pas assez de place. Tout à coup il a une idée. Il prend un bout de papier et un stylo et écrit: «Ceci est la valise d'un homme qui est très fort, très dangereux et qui aime se battre. Il va revenir dans une demi-heure.» Puis il laisse son chapeau avec sa valise et va déjeuner tranquillement dans la salle à manger.

Une demi-heure plus tard, il sort du restaurant. Quel malheur! Il s'aperçoit que sa valise n'est plus là. À sa place par terre il voit une carte. Il la ramasse et lit: «Ceci est la carte d'un homme qui court très vite et très loin et qui aime les valises. Il ne revient jamais.»

(*a*) Pourquoi est-ce que M. Charles est fatigué?
(*b*) Pourquoi ne peut-il pas garder sa valise avec lui dans le restaurant?
(*c*) Qu'est-ce qu'il écrit sur le bout de papier?
(*d*) Qu'est-ce qu'il trouve à la place de sa valise?
(*e*) Qu'est-ce qu'il trouve écrit sur la carte?

39* *A clever compliment*

Un jour un artiste bien connu est en train de peindre le portrait d'un grand général.

— Pouvez-vous venir dîner à la maison mardi prochain, monsieur, lui demande son client.

— Certainement, mon général, répond l'artiste, avec plaisir.

Mais l'artiste est toujours dans les nuages et il oublie tout. Naturellement il oublie l'invitation du général. Quand mardi arrive, il n'est pas là. Le vieux soldat entre dans une grande colère et refuse de permettre à l'artiste de continuer son portrait.

Les amis de l'artiste lui conseillent d'aller chez le général pour lui demander de l'excuser. Il arrive donc à la maison de son client, mais quand le vieux soldat le voit, il lui tourne le dos.

— Merci, mon général, lui dit l'artiste. Je vois que vous n'êtes plus en colère contre moi et que je suis encore un de vos amis.

À ces mots le général ne peut pas cacher sa surprise. Il se retourne vers l'artiste.

— Pourquoi dites-vous cela? lui demande-t-il.

— Parce que vous me tournez le dos. Tout le monde sait que vous êtes un homme de courage, et les hommes de courage n'ont pas l'habitude de tourner le dos à leurs ennemis.

Ce compliment intelligent fait tomber la colère du vieux soldat, qui sourit à l'artiste et lui tend la main.

(*a*) Pourquoi est-ce que l'artiste ne va pas au dîner du général?
(*b*) Pourquoi oublie-t-il?
(*c*) Qu'est-ce que ses amis lui conseillent de faire?
(*d*) Que fait le général quand l'artiste arrive?
(*e*) Que fait le général quand il entend le compliment de l'artiste?

40* *Blind man's buff*

Quatre voyageurs viennent de finir un très bon dîner dans un restaurant. Ils appellent le garçon et lui demandent le prix du repas.

— Quatre-vingts francs, messieurs, répond le garçon.

Le premier met la main dans sa poche, le second l'arrête.

— Non, non, mon ami, c'est moi qui paye.

— Certainement pas, dit le troisième, c'est mon tour de payer.

Le quatrième proteste alors que c'est lui qui veut payer la somme qu'ils doivent pour leur dîner.

— J'ai une bonne idée, dit le premier. Georges, tu as un mouchoir propre. Donne-le-moi. Merci. Garçon, venez ici. Je vais mettre ce mouchoir sur vos yeux. Vous ne voyez rien, n'est-ce pas? Maintenant, si vous touchez l'un de nous, c'est cet homme qui va payer.

Pendant que le garçon cherche, les mains devant lui, à attraper un des clients, les quatre hommes quittent tout doucement le restaurant. En attendant, le patron entre pour voir si ses clients sont contents de leur repas. Le garçon l'entend, le prend naturellement pour un des quatre voyageurs et l'attrape.

— Ah! dit-il, je vous tiens, monsieur. C'est vous qui devez payer les quatre-vingts francs.

Et il a raison. C'est bien le patron qui doit payer!

(*a*) Quelle somme est-ce que les quatre hommes doivent pour leur dîner?
(*b*) Qu'est-ce qu'ils font au garçon?
(*c*) Pourquoi? Que doit-il faire?
(*d*) Que font les hommes pendant que le garçon les cherche?
(*e*) Qui doit payer enfin les quatre-vingts francs?

41* *Very important*

Monsieur Richard, le directeur d'une grande maison de commerce, a dans son bureau une nouvelle employée pour écrire sa correspondance et répondre au téléphone. Elle est très jolie et très bien habillée, mais le patron s'aperçoit vite qu'elle travaille mal parce qu'elle ne connaît pas son métier. Elle perd toutes ses lettres et ne sait jamais où trouver ses documents.

Mais comme M. Richard est très gentil, il ne se met pas en colère et ne lui dit rien. Il espère toujours qu'un de ces jours elle va apprendre à mieux travailler.

Un jour il entre au bureau juste au moment où la jeune fille cherche quelque chose. Il y a des papiers partout. Elle a l'air très triste.

— C'est quelque chose de perdu que vous cherchez, mademoiselle? demande-t-il.

— Oui, monsieur, je sais que c'est ici, mais je ne peux pas le trouver.

— Voyons! mademoiselle, dit M. Richard, ce n'est peut-être pas si sérieux que cela.

— Mais si! Au contraire, monsieur, c'est très sérieux.

— Qu'est-ce que vous cherchez alors?

— Mon déjeuner.

(*a*) Qui est M. Richard?
(*b*) Qui vient-il de recevoir pour l'aider?
(*c*) Comment est-ce que cette jeune personne travaille?
(*d*) Est-ce que M. Richard se met en colère? Pourquoi pas?
(*e*) Que fait la jeune fille au moment où le patron entre au bureau?
(*f*) Est-ce qu'elle cherche quelque chose de très important?

42 *The artist and the lord*

On raconte cette histoire sur le roi Henri VIII et son grand artiste Holbein.

Un jour un lord arrive chez Holbein et frappe à la porte de l'atelier de l'artiste.

— Je ne peux pas vous laisser entrer, crie Holbein. Je fais un portrait important et je ne reçois personne aujourd'hui.

— Vous ne savez pas qui je suis, répond l'autre en colère. Je suis lord Roxton.

— Je répète, milord, dit Holbein, que vous ne pouvez pas entrer.

— Si vous ne me laissez pas entrer, crie le lord, je vais casser votre porte.

Holbein, qui est très fort, sort de son atelier et jette le lord du haut en bas de l'escalier.

À ce moment le roi Henri VIII arrive. Le lord se lève, couvert de poussière, et demande au roi de punir l'artiste.

— Taisez-vous, dit le roi. Je ne sais pas si c'est vous qui avez tort ou si c'est lui, mais je ne vais certainement pas le punir. Et je vais vous dire pourquoi. De sept paysans je peux faire sept lords comme vous, mais de sept cent lords il est impossible de faire un grand artiste comme Holbein.

(*a*) Qui est Holbein?
(*b*) Pourquoi est-ce qu'il ne peut pas laisser entrer le lord?
(*c*) Que fait l'artiste quand le lord dit qu'il va casser la porte?
(*d*) Qu'est-ce que le lord demande au roi de faire?
(*e*) Quelle est la réponse du roi?

43 *The price of discontent*

Il fait très chaud. Le petit groupe de soldats et leur officier marchent depuis des heures et ils sont très fatigués. L'ennemi est caché dans les montagnes de chaque côté de la route et l'endroit est très dangereux.

Leur officier, qui est à cheval, essaie de les encourager.

— Allons, mes amis, dit-il, courage! Un peu plus loin il y a une ville. Nous allons pouvoir manger, boire et nous reposer.

— Mon lieutenant, répond un des soldats, ces mots sont faciles à dire pour vous. Vous êtes à cheval et vous n'êtes pas fatigué. Nous autres soldats, nous sommes à pied depuis dix heures.

— C'est vrai, mon ami, lui dit le lieutenant. Je suis à cheval et tu es à pied, mais n'oublie pas que les officiers ont beaucoup de responsabilités et que c'est souvent plus dangereux pour eux que pour les hommes.

Le soldat n'est pas content de cette réponse et continue à se plaindre.

— Très bien, dit enfin l'officier, monte sur mon cheval. Moi, je prends ta place à côté de tes camarades.

Cinq minutes plus tard un ennemi lève son fusil, tire sur l'homme qu'il prend naturellement pour un officier, et le soldat tombe mort.

(*a*) Pourquoi est-ce que le soldat n'est pas content?
(*b*) Est-ce que le soldat est content de la réponse de son officier?
(*c*) Est-ce qu'il s'arrête de se plaindre?
(*d*) Que fait l'officier?
(*e*) Qu'est-ce qui arrive au soldat?

44 *The thief and the kittens*

Monsieur Labaguette est boulanger et il habite avec sa femme dans un petit appartement à Paris. Un jour leur chatte (une chatte est la mère, un chat est le père) leur donne trois petits. Malheureusement il n'y a pas assez de place pour les trois petits chats dans le petit appartement. C'est triste, mais le boulanger et sa femme savent qu'ils doivent les jeter dans la rivière pour les tuer. Ils les mettent donc dans une vieille valise, qu'ils placent dans leur voiture, et ils partent vers la Seine, la grande rivière qui coule d'un bout de Paris jusqu'à l'autre.

— Veux-tu t'arrêter un petit moment à la banque, dit Mme Labaguette à son mari. J'ai besoin d'argent pour acheter des provisions. J'ai mon chèque ici.

Elle descend de la voiture, entre dans la banque, et sort au bout de quelques minutes avec son sac à main plein de billets.

Quand ils arrivent à la rivière, le boulanger et sa femme descendent de la voiture, prennent la valise avec les trois petits chats et vont justement les jeter à l'eau quand tout à coup une grosse voiture noire s'arrête derrière eux, un voleur en descend, saisit la valise et remonte dans la voiture qui s'en va à toute vitesse.

Mais l'argent de Mme Labaguette est toujours dans son sac à main et ce sont les petits chats qui sont volés.

(*a*) Où est-ce que M. et Mme Labaguette habitent?
(*b*) Qu'est-ce que leur chatte leur donne un jour?
(*c*) Comment s'appelle la grande rivière qui coule à Paris?
(*d*) Où est-ce que le boulanger et sa femme mettent les petits chats?
(*e*) Où est-ce que Mme Labaguette veut s'arrêter?
(*f*) Pourquoi?
(*g*) Qu'est-ce qui arrive à la valise?
(*h*) Est-ce que le voleur prend les billets de banque?

45* *The Devil's bridge*

Cette histoire se passe au temps ancien dans un pays étranger. Tous les commerçants et les gens importants de la ville cherchent le moyen de trouver encore de l'argent pour finir le pont qu'ils sont en train de construire sur la rivière qui coule près de leur ville.

Tout à coup quelqu'un frappe à la porte et un homme grand et maigre entre. Tout le monde le reconnaît; c'est le diable.

— Voulez-vous de l'argent? dit-il.

Ils savent que tout commerce avec le diable est une affaire très dangereuse, mais ils veulent tellement finir leur pont qui coûte beaucoup d'argent.

— Quel est ton prix? lui demandent-ils.

— Je veux l'âme du premier être à passer votre pont, répond le diable.

D'abord ils trouvent que c'est trop cher mais tout à coup un des commerçants a une bonne idée. Il l'explique à voix basse aux autres.

— Nous sommes d'accord, dit-il au diable, vous allez recevoir l'âme du premier être à passer notre pont.

— Signez donc ce papier, dit le diable.

Tout le monde signe le papier, et pendant la nuit le diable finit de construire le pont.

Quand le matin vient, tous les hommes de la ville arrivent au pont. Le diable se tient de l'autre côté pour recevoir l'âme du premier être à passer dessus.

Puis, un des commerçants s'avance vers le pont avec un gros sac, ouvre le sac et laisse sortir un chien. Le chien, qui a peur, traverse le pont. Le diable, très en colère, est obligé de s'en aller. Tout ce qu'il a comme récompense de son travail est l'âme d'un pauvre chien.

(*a*) Quand est-ce que cette histoire se passe?

(*b*) Pourquoi est-ce que les hommes de la ville veulent encore de l'argent ?
(*c*) Qui leur en offre ?
(*d*) Quel est son prix ?
(*e*) Qui est le premier être à passer le pont ?

46 *The five diamonds*

Le roi Abdul essaie de trouver un conseiller honnête. Une nuit il fait venir les cinq hommes les plus intelligents de sa capitale. Quand ils arrivent ils voient que le roi porte sur les doigts de sa main gauche, cinq gros diamants.

— Messieurs, dit le roi, dites-moi ce que vous pensez de moi. Dites la vérité et vous allez recevoir un de ces beaux diamants.

L'un après l'autre les quatre premiers hommes disent que le roi est le plus grand, le plus fort, le plus beau et le meilleur de tous les rois. Sans dire un mot le roi donne à chaque homme un diamant.

Puis il demande au cinquième homme:

— Pourquoi gardez-vous le silence? Pourquoi ne dites-vous rien? Avez-vous peur de votre roi? Dites-moi ce que vous pensez de moi.

— Vous m'obligez à parler, sire. Permettez-moi donc de vous dire que si tous les gens de votre pays ne sont pas heureux, ne sont pas contents, n'ont pas assez à manger, après votre mort l'histoire va vite oublier votre nom.

— Je ne vais pas vous donner le cinquième diamant, dit le roi, mais vous allez être mon meilleur ami et mon conseiller.

Deux jours plus tard les quatre premiers hommes reviennent voir le roi.

— Sire, disent-ils, nous ne pouvons pas vendre nos diamants; ils sont faux.

— Oui, je le sais, répond le roi. Vous me dites que je suis le plus grand roi du monde. C'est faux. Je vous donne des diamants. Comme tout ce que vous me dites, ils sont faux aussi.

(*a*) Qu'est-ce que le roi porte sur chaque doigt de sa main gauche?
(*b*) Qu'est-ce que le roi demande à chaque homme de lui dire?
(*c*) Que disent les quatre premiers hommes?
(*d*) Est-ce que le roi donne un diamant au cinquième homme?
(*e*) Pourquoi est-ce que le roi donne de faux diamants aux quatre premiers hommes?

47 *Alexander the Great and the pirate*

On présente un jour à Alexandre le Grand un pirate qu'on vient d'arrêter. À la vue des terrible tortures qu'on lui prépare, il montre un très grand courage et ne semble pas avoir peur.

— De quel droit arrêtes-tu les bateaux sur les mers, lui demande le roi. De quel droit voles-tu tout ce tu trouves dans ces bateaux?

— Et toi? répond le captif. De quel droit traverses-tu avec tes armées les frontières d'autres pays qui ne sont pas à toi? De quel droit tes soldats tuent-ils les gens de ces pays? Parce que je cours les mers avec un seul petit bateau, on m'appelle un pirate, mais quand tu fais la même chose avec cent bateaux on t'appelle roi!

Alexandre est si content de cette réponse sans peur qu'il dit au pirate:

— Tu es un homme de courage. Garde la vie. Tu peux t'en aller, tu es libre.

(*a*) Quel homme est-ce qu'on présente à Alexandre le Grand?
(*b*) Est-ce que le pirate a peur à la vue des tortures?
(*c*) A-t-on le droit d'arrêter les bateaux sur les mers?
(*d*) Est-ce que le roi est content de la réponse du pirate?
(*e*) Qu'est-ce que le roi donne au pirate?

48* *Small cause, great effect*

Un jour le directeur d'une grande usine d'autos est en train de montrer à un client important sa voiture la plus moderne.

— Si vous avez le temps, monsieur, lui dit-il, nous allons faire un petit tour. Comme ça vous allez voir que cette voiture roule très vite et que son moteur est très fort.

Avec le client assis à ses côtés, le directeur conduit son auto à la campagne pour mieux montrer la grande vitesse qu'elle peut faire. Tout à coup, sans raison, la grosse machine s'arrête. Le directeur essaie pendant une demi-heure de faire repartir le moteur, mais le moteur refuse de tourner. Enfin il est obligé d'arrêter une autre voiture et de demander à son chauffeur de tirer sa belle machine neuve jusqu'à son usine.

Là, les mécaniciens examinent le moteur avec soin et ils trouvent enfin la cause du mal. Dans un des tubes pour l'essence il y a une petite mouche!

Nous voyons ainsi qu'une petite mouche faible est capable d'arrêter une grosse machine des millions de fois plus forte qu'elle.

(*a*) Qu'est-ce que le directeur est en train de montrer au client important?

(*b*) Où vont-ils pour essayer la vitesse de l'auto?
(*c*) Qu'est-ce qui arrive?
(*d*) Qui aide le directeur à retourner à son usine?
(*e*) Que fait le chauffeur de l'autre voiture?
(*f*) Quelle est la cause du mal?

49* *The blind man who saw clearly*

Un jour un aveugle cache cinq cents pièces d'argent dans la terre de son jardin. Un de ses voisins, qui le voit, vient pendant la nuit, ouvre le trou, et prend toutes les pièces. Quand l'aveugle s'aperçoit que son argent n'est plus là, il dit:

«Je sais qui est le voleur. C'est mon voisin qui regarde toujours tout ce que je fais.»

Il va donc trouver cet homme et lui demande un conseil.

— J'ai mille pièces d'argent, lui dit-il. La moitié de cette somme est déjà bien cachée. Faut-il, à votre avis, porter le reste au même endroit?

— Oui, mon ami, oui, dit le voisin qui pense déjà à prendre les autres cinq cents pièces. Je vous conseille de mettre tout votre argent dans le même endroit.

Tout de suite après le départ de l'aveugle, le voisin se dépêche de remettre les cinq cents pièces d'argent dans le trou, parce qu'il espère qu'il va en retrouver bientôt mille.

Quand l'aveugle s'aperçoit que son argent est une fois de plus dans le trou, il le reprend et le cache dans un endroit où personne ne peut le trouver.

— Voisin, dit-il, quelquefois les aveugles voient plus clair que les hommes qui ont deux yeux.

(*a*) Où est-ce que l'aveugle cache ses cinq cents pièces?
(*b*) Que fait son voisin?

(*c*) Qu'est-ce que l'aveugle demande à son voisin?
(*d*) Que fait le voisin tout de suite après le départ de l'aveugle?
(*e*) Que fait l'aveugle quand il s'aperçoit que son argent est une fois de plus dans le trou?

50 *The king's servant*

Un jour un roi, qui aime beaucoup voyager, mais qui cache toujours son identité, arrive à un petit hôtel de campagne. Personne ne le reconnaît et il décide d'y passer la nuit.

Le matin suivant il se lève tôt, mais il n'y a pas de glace dans sa chambre. Il sonne et en demande une à la femme qui vient à la porte. Malheureusement, la seule glace qui reste à l'hôtel est cassée et la femme est obligée de la tenir pendant que le roi se rase.

— Vous n'avez pas l'air d'un simple voyageur, lui dit-elle. Vous semblez être quelqu'un d'important. Êtes-vous de la Cour?

— Oui, répond le roi.

— Servez-vous le roi?

— Oui.

— Comment le servez-vous? Qu'est-ce que vous faites pour lui?

— Beaucoup de choses. En ce moment je le rase.

(*a*) Pourquoi est-ce que les gens ne reconnaissent pas le roi quand il voyage?
(*b*) Qu'est-ce qui manque dans la chambre du roi?
(*c*) Pourquoi est-ce que la femme est obligée de tenir la glace pour le roi?
(*d*) Pourquoi est-ce que la femme croit que le roi est de la Cour?
(*e*) Nommez une chose que le roi fait pour lui-même.

51 *Perfect happiness*

Un jour un vieux monsieur, qui a une très belle maison, met sur sa porte un avis. Sur cette carte on peut lire: «L'homme qui est parfaitement heureux va recevoir cette maison. Je la lui donne.»

Au début les gens qui lisent ces mots croient que le vieil homme se moque d'eux et ils ne font pas attention à l'avis.

Puis, un jour un jeune homme s'arrête devant la maison. Il voit l'avis et le lit. Alors il frappe à la porte. Quand le vieux monsieur vient ouvrir la porte, il lui dit:

— Bonjour, monsieur, je viens de lire votre carte. Je suis parfaitement heureux. Donnez-moi donc votre maison.

— Très bien, répond le vieil homme. Mais d'abord vous devez me montrer de quel droit vous dites que vous êtes parfaitement heureux.

— J'ai une femme et des enfants qui m'aiment. J'ai assez d'argent, ma santé est bonne et je suis jeune. Je suis parfaitement heureux.

— Mon pauvre ami, répond le vieux monsieur, l'homme qui est parfaitement heureux ne désire rien. Vous, au contraire, vous désirez ma maison. Alors vous ne pouvez pas être parfaitement heureux. Ma maison reste à moi.

(*a*) À quel homme est-ce que le vieux monsieur dit qu'il va donner sa maison?
(*b*) Est-ce que les gens font attention à l'avis?
(*c*) Pourquoi pas?
(*d*) Pourquoi est-ce que le jeune homme dit qu'il est parfaitement heureux?
(*e*) Pourquoi n'est-il pas vraiment heureux?

SECTION II

52* *Certain proof*

C'est une belle journée de juin. On est au bord de la mer. Il fait beau et très chaud et il y a beaucoup de monde sur le sable où le petit Gérard joue avec sa pelle et son seau. Ses parents se reposent à côté.

Tout à coup Gérard se baisse pour ramasser quelque chose qu'il porte à son père.

— Regarde, papa, la belle montre que quelqu'un a perdue.

— Mais comment sais-tu qu'elle est perdue?

— Parce qu'il y a une demi-douzaine de personnes là-bas qui sont en train de la chercher.

(*a*) En quelle saison est-on?
(*b*) Y a-t-il beaucoup de monde sur le sable?
(*c*) Que font les parents de Gérard?
(*d*) Que fait Gérard quand il trouve la montre?
(*e*) Comment sait-il qu'elle est perdue?

53 *The old beggar and his dog*

La scène est une rue de Paris. Au coin de la rue se trouve un vieux mendiant, le chapeau à la main. À côté de lui son chien tient entre les dents une carte sur laquelle est écrit le mot AVEUGLE.

Une dame qui passe met une pièce d'un franc dans le

chapeau. Cinq minutes plus tard elle revient et demande à l'homme:

— Ne vous ai-je pas donné une pièce de cinq francs?

— Non, madame, vous m'avez donné une pièce d'un franc.

— Alors, vous pouvez voir? Vous n'êtes pas aveugle?

— Ah non, madame, ce n'est pas moi qui suis aveugle, c'est mon chien.

(*a*) Où se passe cette histoire?
(*b*) Que tient le chien?
(*c*) Comment le tient-il?
(*d*) Qu'est-ce que la dame pense avoir donné au mendiant?
(*e*) Qu'est-ce qu'elle lui a donné en vérité?
(*f*) Est-ce que le mendiant est vraiment aveugle?

54* *Caught!*

Monsieur Lavigne aime beaucoup le fromage. Chaque jour au déjeuner il en mange un gros morceau. Un jour il est en train de prendre son repas, quand il trouve qu'il a besoin d'un livre dans sa bibliothèque. Il se lève de table, laissant son fromage sur l'assiette. Pendant son absence un petit garçon entre et, voyant le morceau de fromage, le mange. En rentrant dans la pièce, M. Lavigne ne voit plus son fromage et il devine ce qui est arrivé.

— Ah, mon Dieu! s'écrie-t-il, qui a mangé mon fromage?

— Ce n'est pas moi, monsieur, répond l'enfant.

— Tant mieux, mon ami.

— Pourquoi, monsieur?

— Parce qu'il y a beaucoup de souris dans cette pièce et

avant le déjeuner j'ai mis du poison dans ce fromage pour les tuer.

— Du poison! s'écrie le petit garçon, qui commence à avoir peur. Oh là! là! Je me sens déjà malade. Je vais mourir!

— Ne t'inquiète pas, mon garçon, dit M. Lavigne. C'est un petit tour que je t'ai joué pour savoir qui a mangé mon fromage. C'est bien fait!

(*a*) Pourquoi est-ce que M. Lavigne va dans sa bibliothèque?
(*b*) Est-ce qu'il cache son fromage?
(*c*) Qu'est-ce qui arrive au fromage pendant son absence?
(*d*) Que pense M. Lavigne en voyant que son fromage n'est plus là?
(*e*) Pourquoi est-ce que M. Lavigne fait ce tour au petit garçon?

55 *No bathing*

La scène se passe près d'un grand lac. Un avis porte, en grosses lettres: «Danger. Il est interdit de se baigner dans ce lac.» Les mains nouées derrière le dos, un agent de police se promène, en jetant de temps en temps un regard sur l'eau. Tout à coup il voit une tête apparaître.

— Hé! l'homme, crie-t-il, vous ne savez pas qu'il est défendu de se baigner ici?

Crachant de l'eau et luttant pour maintenir la tête au-dessus de la surface, l'homme proteste:

— Je ne me baigne pas, je me noie!

— Ah, bon! dit l'agent rassuré. Si vous ne vous baignez pas, tout va bien.

Et remettant les mains derrière son dos, il continue sa promenade.

(*a*) Qu'est-ce qui est écrit sur l'avis?
(*b*) Que fait l'agent au moment où il aperçoit l'homme?
(*c*) Qu'est-ce qu'il crie à l'homme?
(*d*) Quelle excuse l'homme offre-t-il?
(*e*) Est-ce que l'agent lui vient en aide?

56* *Lift strike in New York*

Un jour deux amis qui habitent New York arrivent à l'entrée d'un très haut bâtiment où ils ont un appartement au trentième étage. Comme les hommes qui font marcher les ascenseurs sont en grève, les deux amis sont obligés de monter à pied par l'escalier.

Pour se donner un peu de courage, ils commencent à raconter des histoires amusantes, mais au vingtième étage ils n'en savent plus et ils décident de se raconter des histoires tristes.

Tout à coup l'un des deux amis s'arrête.

— Je connais une histoire vraiment triste. Elle te fera pleurer. La clef de notre appartement est en bas. J'ai oublié de la prendre.

(*a*) À quel étage habitent les deux amis?
(*b*) Pourquoi sont-ils obligés de monter à pied?
(*c*) Que font-ils pour se donner du courage?
(*d*) Qu'est-ce qu'ils décident de faire au vingtième étage?
(*e*) Quelle est l'histoire triste avec laquelle un des amis commence?

57* *In mourning*

Deux jeunes mariés sont à Paris. C'est leur première visite à la capitale et ils sont étourdis par l'immense foule de gens. Voulant acheter des cadeaux pour offrir à leurs amis, ils entrent dans un des grands magasins, mais il y a un tel monde qu'ils se trouvent vite séparés dans la foule. Très inquiet, le jeune mari cherche à droite et à gauche sans oser crier à haute voix le nom de sa femme.

Un vendeur, s'apercevant qu'il est en difficulté, lui demande:

— Vous désirez quelque chose, monsieur?

— J'ai perdu ma femme.

— Rayon de deuil, troisième étage à gauche.

(*a*) Combien de fois les nouveaux mariés ont-ils visité la capitale?
(*b*) Pourquoi entrent-ils au grand magasin?
(*c*) Pourquoi se trouvent-ils séparés?
(*d*) Pourquoi le mari ne crie-t-il pas à haute voix le nom de sa femme?
(*e*) Qu'est-ce que le vendeur pense?

58* *How to pay for unwanted goods*

Un jour un marchand de tabac envoie à un médecin une boîte de cigarettes. Dans cette boîte il y a aussi une facture de quinze francs et une lettre: «Vous ne m'avez pas commandé ces cigarettes, mais je me suis permis de vous les adresser, parce que je suis sûr que vous les trouverez parfaites.»

Le docteur allume une des cigarettes et la trouve en effet excellente. Pendant les semaines qui suivent, il les fume toutes.

En fumant la dernière, il s'installe à son bureau, écrit trois ordonnances à cinq francs chacune, et les envoie au marchand de tabac. «Vous ne m'avez pas demandé de consultations, écrit-il, mais je me permets de vous adresser ces ordonnances; je suis certain que vous les trouverez excellentes. Elles vous paieront les cent cigarettes que j'ai trouvées aussi très bonnes.»

(*a*) Est-ce que le docteur a demandé au marchand de tabac de lui envoyer des cigarettes?
(*b*) Qu'est-ce que le marchand de tabac a mis dans la boîte avec les cigarettes?
(*c*) Comment le docteur a-t-il trouvé les cigarettes?
(*d*) Qu'est-ce que le docteur a envoyé au marchand de tabac en échange pour les cigarettes?
(*e*) Est-ce que, à votre avis, le marchand de tabac a été content de recevoir les ordonnances?

59* *The lion and the fox*

Le lion est devenu trop vieux pour aller à la chasse et il doit adopter une ruse pour éviter de mourir de faim. Il se retire dans sa caverne, il s'y couche, et se met à gémir comme une bête très malade. Un à un les autres animaux viennent lui demander comment il se porte, et il les saisit et les dévore l'un après l'autre. Un jour le renard vient lui faire visite, mais il a peur d'une ruse et, refusant de pénétrer dans la caverne, il se tient au dehors.

— Je suis bien malade, dit le lion. Chaque jour je deviens de plus en plus faible. Mais pourquoi restes-tu là? Entre, mon ami, nous pourrons parler plus confortablement.

— Non, je te remercie beaucoup, répond l'animal prudent.

Je vois bien des traces de ceux qui sont entrés dans ta caverne, mais je n'en vois aucune de ceux qui en sont sortis!

(*a*) Pourquoi le lion ne va-t-il plus à la chasse?
(*b*) Qu'est-ce qu'il doit adopter pour ne pas mourir de faim?
(*c*) Pourquoi les animaux viennent-ils voir le lion?
(*d*) Pourquoi le renard n'entre-t-il pas dans la caverne?
(*e*) Qu'est-ce que le renard voit?
(*f*) Qu'est-ce qu'il ne voit pas?

60 *The professor and the boatman*

Un savant professeur veut un jour traverser un large fleuve à un endroit où il n'y a pas de pont. Voyant un vieil homme avec un bateau, il lui demande de le passer jusqu'à l'autre rive. L'homme accepte et le professeur monte dans le bateau.

— Connais-tu l'histoire? demande le professeur au vieillard.

— Non.

— C'est dommage. Tu as perdu la moitié de ta vie. Connais-tu des langues étrangères ou la science?

— Non.

— C'est dommage. Tu as perdu les trois quarts de ta vie.

À peine le professeur a-t-il prononcé ces mots qu'un coup de vent renverse le bateau.

— Sais-tu nager? demande à son tour le vieillard au pauvre professeur qui fait des efforts désespérés pour maintenir la tête hors de l'eau.

— Hélas, non!

— Eh bien, c'est dommage! Tu vas perdre ta vie tout entière.

(*a*) Pourquoi le professeur veut-il traverser le fleuve en bateau?
(*b*) Jusqu'où le professeur veut-il aller?
(*c*) Selon le professeur, combien de sa vie le vieil homme a-t-il perdu parce qu'il ne connaît pas l'histoire?
(*d*) Qu'est-ce qui renverse le bateau?
(*e*) Quelle question le vieillard pose-t-il au professeur?

61* *The queen and the page*

Un jour la reine, ayant besoin de quelque chose, sonne le jeune garçon qu'elle vient de recevoir dans sa cour comme page. Personne ne vient. Ouvrant la porte de la pièce à côté, elle trouve l'enfant profondément endormi dans un fauteuil. Elle va le réveiller quand elle aperçoit un papier qu'il a laissé tomber par terre. Curieuse de savoir ce que c'est, elle le ramasse et se met à le lire. C'est une lettre que le jeune garçon vient de recevoir de sa mère, dans laquelle elle le remercie de lui avoir envoyé la moitié de l'argent qu'il gagne. Après avoir lu la lettre, la reine y glisse quelques pièces d'or et rentre doucement dans sa chambre sans réveiller le page endormi.

Un peu après, elle sonne de nouveau. Cette fois le page se réveille et se présente devant elle.

— As-tu bien dormi? demande la reine.

Le pauvre garçon rougit de honte et cherche à s'excuser.

— Ne sois pas inquiet, dit la reine. Envoie à ta mère l'argent que tu trouveras dans sa lettre, et dis-lui qu'à partir de ce moment elle ne manquera de rien.

(*a*) Pourquoi est-ce que la reine sonne son page?
(*b*) Pourquoi ne vient-il pas?
(*c*) Qu'est-ce que le jeune garçon a envoyé à sa mère?
(*d*) Que fait la reine après avoir lu la lettre?
(*e*) De quoi le page rougit-il?

62* *A skilful prediction*

Un puissant seigneur qui est très superstitieux et souvent cruel, entend dire qu'il y a, dans un village voisin, un sage qui a la réputation de pouvoir dire d'avance, en consultant les astres (c'est-à-dire les étoiles), ce qui va arriver à l'avenir. Il l'envoie chercher sans délai. Quand le sage arrive, on l'introduit en présence du seigneur, derrière qui se tiennent deux grands soldats attendant son signal pour saisir le pauvre homme et le jeter par la fenêtre.

— Ô sage, dit le seigneur, on m'a raconté que vous savez dire d'avance tout ce qui va arriver à l'avenir, et que vous ne vous trompez jamais. Pouvez-vous m'indiquer précisément le jour de votre mort?

Le sage s'aperçoit tout de suite que le seigneur se moque de lui et réfléchit longuement. Finalement il dit:

— Je ne peux pas vous dire le jour précis de ma mort, monseigneur, mais je suis certain que je mourrai trois jours avant vous.

Au lieu de le faire tuer, le seigneur invite le sage à venir demeurer chez lui dans son palais, et prend, à partir de ce moment, le plus grand soin d'une vie si précieuse.

(*a*) Qu'est-ce que le sage consulte pour dire d'avance ce qui va arriver à l'avenir?
(*b*) Qu'attendent les deux soldats derrière le seigneur?
(*c*) Quelle question est-ce que le seigneur pose au sage?
(*d*) Que fait le sage quand il aperçoit que le seigneur se moque de lui?
(*e*) Quel jour est-ce que le sage dit qu'il va mourir?
(*f*) Pourquoi le seigneur prend-il le plus grand soin de la vie du sage?

63* *The robbers and the donkey*

Un jour un paysan revient du marché suivi de son âne, qu'il mène par une corde autour du cou. Pendant qu'il marche devant, il ne voit pas deux voleurs qui détachent doucement la corde. L'un d'eux s'en va avec la bête tandis que l'autre prend la place de l'âne et suit le paysan.

Bientôt après, le paysan se retourne pour jeter un coup d'œil sur son âne. À sa grande surprise il voit, au bout de la corde qu'il tient, un homme.

— Qui es-tu? s'écrie-t-il.

— Je suis ton âne, est la réponse. Un jour, il y a bien des années, j'ai bu trop de vin et pour me punir le bon Dieu m'a changé en âne. Maintenant il m'a pardonné, je suppose, car me voilà de nouveau homme. Lâche-moi, je te prie, et laisse-moi partir.

— Très bien, dit le paysan, ôtant la corde, va-t'en, mais fais attention au vin. Si tu en bois trop, tu seras encore puni.

Le lendemain il retourne au marché acheter un nouvel âne. Comme il examine les bêtes qu'on lui offre, il est très étonné de reconnaître son propre âne. S'approchant de l'animal il lui dit tout bas à l'oreille:

— Malheureux! Tu as encore bu; te voilà redevenu âne.

(*a*) Par quoi le paysan mène-t-il son âne?
(*b*) Que font les deux voleurs?
(*c*) Que voit le paysan quand il se retourne pour regarder l'âne?
(*d*) Quel conseil le paysan donne-t-il au voleur?
(*e*) Que croit le paysan en voyant son propre âne?

64* *The crafty well-digger*

Il fait très beau et il fait très chaud. Un ouvrier est en train de creuser un puits. Il a déjà atteint une profondeur d'environ six mètres quand, pendant qu'il est assis au bord du trou à prendre quelques instants de repos, une grande partie du puits s'écroule. Il regarde avec précaution autour de lui, et voyant que personne ne l'observe, il prend sa veste et son chapeau et les place sur le bord du puits. Enfin il se cache derrière un arbre et attend l'arrivée de quelqu'un.

Peu de temps après des passants découvrent que le puits s'est écroulé et, remarquant la veste et le chapeau au bord du trou, ils imaginent que l'ouvrier doit se trouver au fond. Ils se mettent immédiatement au travail et en très peu de temps enlèvent toute la terre écroulée. Au moment où ils viennent d'arriver au fond du puits et sont en train de se demander où est l'homme mort, l'ouvrier apparaît et les remercie de lui avoir épargné une si lourde tâche.

(*a*) À quoi sert un puits?
(*b*) Quelle profondeur l'ouvrier a-t-il atteinte quand le puits s'écroule?
(*c*) Où est-ce qu'il met sa veste et son chapeau?
(*d*) Que pensent les passants en voyant ceux-ci?
(*e*) Que font-ils?
(*f*) Pourquoi ne trouvent-ils pas d'homme mort au fond du puits?

65* *A good way out*

La scène se passe dans un autobus. Deux dames sont assises l'une à côté de l'autre. Tout à coup l'une regarde autour d'elle les fenêtres qui sont fermées. Elle appelle le receveur et lui demande de baisser une des glaces.

— Si nous n'avons pas un peu d'air frais, dit-elle, nous allons tous mourir de chaleur.

Le receveur baisse la glace et la dame respire à pleins poumons.

— Enfin, dit-elle, ça va mieux.

Trois minutes après, sa voisine appelle le receveur.

— Voulez-vous lever cette glace? Avec ce courant d'air nous allons tous mourir de froid.

Le receveur relève la glace. Immédiatement la première dame la baisse de nouveau. Lui lançant un regard furieux, la deuxième dame la lève une fois de plus.

Ce jeu continue pendant plusieurs minutes. Finalement un vieux monsieur au fond de l'autobus crie au receveur:

— D'abord fermez la fenêtre; ça fera mourir la première. Puis ouvrez-la et ça tuera la deuxième. Comme ça nous aurons un peu de paix!

(*a*) Où se passe cette histoire?
(*b*) Qu'est-ce que la première dame demande au receveur de faire?
(*c*) Pourquoi lui demande-t-elle de faire cela?
(*d*) Que fait la deuxième dame trois minutes après?
(*e*) Quel est le conseil du vieux monsieur?

66* *An excellent reason*

Un client commande un jour du foin à son marchand. Le lendemain, vers midi, le petit garçon de celui-ci arrive à la maison du client pleurant à chaudes larmes. Quand on lui demande ce qu'il a, il dit que la charrette de foin a versé dans la rue. Le client, qui est très gentil et aime les enfants, assure le petit bonhomme que ce n'est pas grave et l'invite à déjeuner.

— Papa ne sera pas content, dit l'enfant.

Mais le client l'assure qu'il arrangera l'affaire avec son père et le presse de déjeuner avant d'aller ramasser le foin.

Après le déjeuner on demande à l'enfant s'il n'est pas, après tout, heureux d'être resté.

— Papa ne sera pas content, répète-t-il.

Le client, qui ne peut pas comprendre, demande au petit garçon ce qui lui fait croire que son père sera mécontent.

— Eh bien, monsieur, lui explique-t-il, c'est que papa est sous la charrette!

(*a*) Qu'est-ce que le client a commandé à son marchand?
(*b*) Est-ce que le petit garçon rit quand il arrive chez le client?
(*c*) Quelle est sa réponse quand le monsieur l'invite à déjeuner?
(*d*) Qu'est-ce que le client demande au petit garçon après le déjeuner?
(*e*) Pourquoi l'enfant croit-il que son père ne sera pas content?

67 *The peasant and the donkey*

Un paysan nommé Duval, ayant grand besoin d'un âne pour quelque travail important, décide de s'adresser à son ami Dupont. Il sait que celui-ci a une bête qui est au repos à l'écurie et il lui demande la permission de l'emprunter.

— Je regrette beaucoup, mon cher voisin, dit Dupont, mais je ne peux pas te satisfaire. Mon fils a emmené l'âne ce matin au marché voisin.

— Je te promets, insiste Duval, que je prendrai le plus grand soin de l'animal.

— Ne peux-tu pas me croire? demande Dupont, en commençant à se fâcher, je te dis que mon âne est sorti. Mon fils essaie de le vendre au marché.

Mais à ce moment-là l'âne se met à braire très fort.

— Tu vois bien, dit Duval, le voilà qui brait.

— Eh bien, dit Dupont avec indignation, si tu crois mon âne plutôt que moi-même, nous ne pouvons plus rester amis et je ne peux rien te prêter.

(*a*) Pourquoi Duval a-t-il besoin d'un âne?
(*b*) Où se trouve l'âne de Dupont?
(*c*) Pourquoi Duval va-t-il chez Dupont?
(*d*) Où est l'âne selon Dupont?
(*e*) Comment Duval sait-il que Dupont a tort?

68* *A terrible threat*

Un jour un monsieur arrive dans un village. Il descend de son cheval, qu'il attache devant une boutique, et il entre pour acheter quelque chose. En sortant il voit que son cheval n'est plus là. Que faire pour le retrouver? Tout à coup il a une idée. Il fait publier que si le voleur ne lui rend pas son cheval, il sera forcé de faire la même chose que son père a fait lorsqu'un accident semblable lui est arrivé.

Le voleur, fort effrayé de cette mystérieuse menace, juge prudent de ramener le cheval à son propriétaire.

Le monsieur, très heureux, s'écrie que le voleur a certainement très bien fait de lui rendre son cheval.

— Je suis vraiment content, dit-il, de ne pas être obligé d'imiter la conduite de mon père.

— Qu'a-t-il donc fait, Monsieur votre père? lui demande quelqu'un.

— Eh bien, n'ayant pas de cheval, le pauvre homme a été obligé de rentrer chez lui à pied!

(*a*) Pourquoi est-ce que le monsieur descend de son cheval?
(*b*) Où est-ce qu'il attache l'animal?
(*c*) Qu'est-ce qui arrive à son cheval?
(*d*) Pourquoi est-ce que le voleur rend le cheval à son propriétaire?
(*e*) Qu'a fait le père du monsieur après avoir perdu son cheval?

69 *Take me back to prison!*

Un certain roi, qui fait de la très mauvaise poésie, a l'habitude de lire ses poèmes aux membres de sa cour, qui, ne voulant pas paraître impolis, disent toujours qu'ils sont excellents. Un jour, cependant, un poète de sa cour a assez de courage pour lui dire que ses poèmes sont extrêmement mauvais. Le roi, furieux, ordonne aussitôt qu'on l'emmène en prison. Les amis du poète supplient le roi de lui pardonner et grâce à leurs prières, il est libéré le lendemain. Il revient à la cour où le roi le reçoit avec amitié et semble avoir oublié l'incident.

Quelques jours après, le roi donne un grand dîner et compose un poème spécial pour célébrer l'événement. Il est très fier de son œuvre et la considère comme la meilleure de toutes. La soirée du dîner arrivée, il lit son poème, comme d'habitude, aux gens qui l'entourent et ceux-ci, comme toujours, ne manquent pas de lui dire combien c'est merveilleux. Le poète, cependant, garde le silence.

— Eh bien, mon ami, lui dit le roi, comment trouvez-vous mon poème cette fois-ci?

Le poète, sans lui répondre un mot, se tourne vers les gardes qui sont debout autour de la salle et dit:

— Ramenez-moi en prison!

(*a*) Est-ce que le roi est un bon poète?
(*b*) Pourquoi est-ce que les membres de la cour disent toujours que les poèmes du roi sont excellents?

(*c*) Où est-ce que le roi envoie le poète courageux?
(*d*) Combien de temps y reste-t-il?
(*e*) Pourquoi le roi compose-t-il un poème spécial?
(*f*) Pourquoi le poète garde-t-il le silence?
(*g*) Pourquoi, à votre avis, dit-il: «Ramenez-moi en prison»?

70 *A strange adventure*

Un jour un monsieur raconte une aventure qui lui est arrivée pendant son voyage chez les cannibales.

«Après une tempête terrible, nous nous apercevons que notre bateau est en train de couler. Les uns à la nage, d'autres sur des caisses de bois, d'autres encore supportés par des planches, nous gagnons la terre. Nous nous trouvons sur une île où d'immenses sauvages noirs nous attendent. En nous voyant, ils se frottent l'estomac en signe de faim.

Notre capitaine leur explique que nous sommes un peu trop durs à cuire et pas du tout bons à manger. C'est inutile. Les cannibales nous font signe qu'ils ne nous croient pas et qu'ils veulent d'abord goûter.

— Très bien, messieurs les noirs, dit le capitaine, nous allons vous servir un repas que vous vous rappellerez longtemps. Chirurgien, venez ici. Coupez-moi la jambe droite.

Le chirurgien obéit, prend ses instruments et coupe la jambe droite du capitaine. Ce morceau délicat est offert au chef des cannibales qui le saisit, le porte à son nez et le sent. Puis il le met dans sa bouche. Aussitôt il le regarde avec dégoût et en essaie une autre partie sur laquelle il se casse plusieurs dents. Poussant un cri de douleur, il jette la jambe loin de lui et se sauve suivi de toute sa bande.

Vous ne croyez pas cela, messieurs? C'est quand même vrai. On peut faire toutes sortes de choses extraordinaires si on a une jambe de bois!»

(*a*) Pourquoi les marins se jettent-ils à l'eau?
(*b*) Qu'est-ce qui aide les marins à gagner la terre?
(*c*) Quelle sorte d'hommes trouvent-ils sur l'île?
(*d*) Pourquoi les cannibales se frottent-ils l'estomac?
(*e*) Qu'est-ce que le capitaine dit au chirurgien de lui faire?
(*f*) Qu'est-ce qui arrive au chef des cannibales quand il essaie de manger la jambe?
(*g*) Pourquoi se casse-t-il plusieurs dents?

71* *The poisonous mushrooms*

Un jour deux vieux frères, qui demeurent à la campagne, se promènent dans les champs. Par hasard, ils tombent sur un endroit plein de champignons.

— Ils nous feront un très bon repas, dit le premier, en se baissant pour les cueillir.

— Manger des champignons, c'est dangereux, dit l'autre. Ce sont peut-être de mauvais champignons.

— Nous allons voir, répond le premier. Nous pouvons en donner au chien avant d'en manger nous-mêmes.

Ils rentrent alors et font cuire les champignons pour leur déjeuner. Ils en donnent quelques-uns au chien, et, en le voyant continuer à courir comme toujours dans le jardin, ils mangent sans hésitation ceux qui restent.

Vous pouvez imaginer leur horreur lorsque, le soir, ils trouvent le chien mort devant la porte du jardin. Très effrayés, ils partent immédiatement voir le docteur. Bientôt ils entendent approcher une auto. Ils font signe à l'homme qui la conduit de s'arrêter, et lui demandent de les transporter à l'hôpital le plus proche, lui expliquant ce qu'il y a, qui ils sont et où ils demeurent.

— Je viens de me rendre chez vous, dit l'homme. J'ai

voulu vous faire mes excuses pour avoir, par accident, écrasé votre chien cet après-midi!

(*a*) Qu'est-ce qui pousse dans l'endroit que les deux frères découvrent?
(*b*) Pourquoi est-il quelquefois dangereux de manger des champignons?
(*c*) Que font les deux frères pour voir si les champignons sont mauvais ou non?
(*d*) Qu'est-ce qu'ils font de ceux qui restent?
(*e*) Comment est le chien quand les deux frères le trouvent devant la porte de leur jardin?
(*f*) Que font-ils alors?
(*g*) Comment le chien est-il mort?

72* *The monkeys and the cotton nightcaps*

Un jour un marchand passe dans une forêt peuplée de singes. Fatigué de ses courses, il s'assied au pied d'un vieux marronnier. Le lieu semble l'inviter au repos. Au-dessus de sa tête les feuilles vertes; autour de lui une mousse épaisse. Le marchand ouvre son colis, en tire un bonnet de coton, puis, le mettant sur sa tête, il s'étend sur la mousse et s'endort.

Après quelques heures de sommeil, il se réveille. Il se frotte les yeux. Il croit encore rêver. Il n'y a plus de colis, ou plutôt plus de bonnets de coton.

—Volé! On m'a volé! s'écrie-t-il en sautant sur ses pieds.

À ce moment il entend un bruit dans le feuillage qui l'entoure. Le malheureux lève la tête et voit toute une armée de singes qui courent de branche en branche. Sur chaque tête il y a un bonnet de coton. Comment faire pour rentrer en possession de sa marchandise? Courir après les singes? Impossible. Puis il croit avoir trouvé la solution et il leur lance des pierres. Les singes l'imitent et font pleuvoir sur lui une grêle de marrons. Il leur crie des injures; ceux-ci lui répondent par des cris perçants. Furieux et se croyant ruiné, notre homme frappe du pied et, saisissant avec rage son bonnet, il le lance violemment à terre.

Tout de suite chaque singe, enlevant son bonnet de coton, le jette avec des cris de colère au pied du marchand étonné.

(*a*) Que vend le marchand?
(*b*) Où est-ce qu'il les garde?
(*c*) Où est-ce que le marchand s'étend pour dormir?
(*d*) Quand il se réveille, où voit-il ses bonnets de coton?
(*e*) Qu'est-ce que le marchand fait d'abord pour essayer de rentrer en possession de ses bonnets de coton?
(*f*) Pourquoi est-ce que les singes jettent les bonnets de coton par terre?

73* *A cruel peasant learns a lesson*

Il y a, dans un pays oriental, un grand prince qui aime beaucoup voyager parmi ses sujets sans révéler son identité. On raconte que, suivant un jour un chemin de campagne, il rencontre un paysan qui bat son âne de toutes ses forces avec un gros bâton. Le prince est ému de pitié pour le pauvre animal, et, s'avançant vers l'homme, il lui demande pourquoi il traite son âne si cruellement.

— Cette bête est à moi, répond le paysan, et j'ai le droit d'en faire ce que je veux.

Et il recommence à battre le pauvre animal plus fort que jamais.

Alors le prince lève la canne qu'il porte à la main et bat le paysan exactement comme celui-ci a battu son âne. Quand le paysan peut enfin parler, il s'écrie:

— Pourquoi me battez-vous? Je ne vous ai rien fait!

— Cette canne est à moi, répond le prince, et j'ai le droit d'en faire ce que je veux.

Le prince révèle alors son identité aux passants. Le paysan est emmené à la ville et conduit devant le magistrat qui le condamne à prendre la place de son âne et à traîner celui-ci dans la charrette à travers les rues du village pour servir d'exemple à tous les habitants.

(*a*) Comment le prince aime-t-il voyager?
(*b*) Que fait le paysan au moment où le prince le rencontre?
(*c*) Quelle est la réponse du paysan quand le prince lui demande pourquoi il bat son âne?
(*d*) Que fait alors le prince?
(*e*) Où est-ce qu'on met l'âne quand le paysan prend sa place?
(*f*) Qu'est-ce que le paysan est condamné à faire?

74 *The wise husband*

Cette histoire se passe au temps où les hommes portent des culottes et des bas longs. Un jour un brave mari reçoit d'un ami une très belle paire de bas de soie noire, mais il les refuse en disant qu'il n'a pas les moyens de les porter.

— Vous n'avez pas les moyens de les porter? répond son ami. Je ne comprends pas, puisque je vous les donne.

— Sans doute; mais si je les accepte, cela va me coûter plus de cinq cents francs et je n'en ai pas les moyens.

— Que voulez-vous dire?

— D'abord, aussitôt que je les mettrai, ma femme me dira: «Mon cher, avec des bas pareils il vous faut une paire de culottes neuves,» et il faudra les acheter. Puis elle ajoutera, «Mon cher, comme votre habit est usé! Mon cher, vos gants sont tout à fait impossibles! Mon cher, il vous faut un habit neuf!» Et j'achèterai toutes ces choses. Puis, à mon tour je dirai: «Ma chère, je suis trop bien habillé; vous ne pouvez pas sortir avec moi portant cette vieille robe, vous aurez l'air de ma domestique. . .» Et ça continuera ainsi. Je serai obligé de faire des dettes et nous deviendrons malheureux tous les deux, ma femme et moi. Je ne peux donc pas accepter vos bas de soie. Si je ne les accepte pas, nos vieux vêtements nous paraîtront toujours assez beaux.

(*a*) Qu'est-ce que les hommes portent au temps où cette histoire se passe?
(*b*) Quelle raison est-ce que le mari donne pour ne pas vouloir accepter les bas?
(*c*) Si le mari accepte les bas, que devra-t-il acheter?
(*d*) Si le mari achète des vêtements neufs, qu'est-ce que sa femme sera obligée d'acheter aussi?
(*e*) Qu'est-ce qui arrivera au mari et à sa femme s'ils dépensent tout cet argent pour des vêtements neufs?

75* *Good business!*

Un jour une vieille dame monte dans l'autobus et s'assied à côté d'une autre dame beaucoup plus jeune. À l'arrêt suivant celle-ci ramasse son parapluie et son sac à main et se lève pour descendre.

— Pardon, madame, s'écrie la vieille dame, mais vous avez pris mon parapluie.

— Non, c'est le mien, je vous assure, répond l'autre.

— Mais voyons, madame, je ne sors jamais sans parapluie et je reconnais celui-ci à son manche. Donnez-le-moi tout de suite ou je vais avertir un agent de police, s'écrie la vieille dame qui commence à se fâcher.

— Eh bien, alors, répond la jeune femme, si vous insistez, je vous le laisse; mais notez mon adresse et rapportez-le-moi si vous reconnaissez votre erreur. Je suis sûre que vous trouverez le vôtre aussitôt que vous rentrerez chez vous.

Pendant qu'elles se disputent, le receveur s'approche et dit:

— Allons, mesdames! Pas d'histoires! Si vous voulez vous battre, descendez sur le trottoir, mais ne vous battez pas ici.

La jeune femme descend sans son parapluie et la vieille dame, absolument certaine qu'elle a raison, passe la journée à faire des courses, et ne rentre que le soir. Imaginez sa surprise quand, en ouvrant la porte de son appartement, elle trouve son parapluie qui ressemble exactement à celui qu'elle a pris à la jeune dame!

Le lendemain, toute honteuse, elle quitte la maison pour rapporter le parapluie à sa propriétaire. Portant les deux parapluies exactement semblables (car elle veut prouver à la jeune dame comment elle a pu se tromper) elle monte dans l'autobus. Par malheur c'est le même receveur.

— Eh bien, madame, dit-il d'un ton sarcastique en regardant les deux parapluies, encore deux; les affaires sont bonnes aujourd'hui!

(*a*) Comment la vieille dame reconnaît-elle son parapluie?
(*b*) Comment s'appelle l'homme qui distribue les tickets dans un autobus?
(*c*) Qu'est-ce que la vieille dame trouve en rentrant chez elle?
(*d*) Pourquoi est-ce que la vieille dame s'est trompée?
(*e*) Que pense le receveur en voyant la même dame avec deux parapluies?

76 *Logic*

Un jour la femme d'un vieux paysan français tombe dangereusement malade. Le mari va trouver le docteur et lui demande de venir voir sa femme. Le docteur sait que l'homme n'est pas pauvre, mais qu'il est avare et n'aime pas payer ses dettes. Le paysan, voyant que le docteur hésite un peu, essaie de le rassurer.

— J'ai vingt francs, lui dit-il. Vous guérirez peut-être ma femme, mais même si vous la tuez, je vous donnerai cette somme.

Le médecin accompagne donc le paysan chez lui, mais sa femme est trop malade; il ne peut rien faire et elle meurt vingt-quatre heures plus tard.

Au bout de quelque temps le médecin va chez le paysan pour réclamer ses vingt francs.

— Un moment, docteur, dit le vieil avare, laissez-moi d'abord vous poser deux questions: premièrement, avez-vous tué ma femme?

— Tué! Moi! Vous me demandez si j'ai tué votre femme? Non, monsieur, certainement pas, je ne l'ai pas tuée!

— Bon, vous ne l'avez pas tuée. Deuxièmement: l'avez-vous guérie?

— Non, hélas, je suis désolé. Je n'ai pas pu guérir votre femme.

— Alors, vous avouez que vous ne l'avez ni tuée ni guérie. Vous n'avez donc pas rempli les conditions du contrat et je ne vous dois rien.

(*a*) Pourquoi est-ce que le paysan demande au docteur d'aller voir sa femme?
(*b*) Pourquoi le médecin ne peut-il pas guérir la paysanne?
(*c*) Est-ce qu'il la tue?
(*d*) Pourquoi le docteur va-t-il chez le paysan la seconde fois?
(*e*) Pourquoi est-ce que le paysan dit qu'il ne doit rien au docteur?

77* *Not so bad after all!*

Monsieur Tarin arrive à la gare de Versailles. La grande horloge indique huit heures. «Oh! là! là! se dit-il, je suis en retard. Je vais manquer mon train,» et il se met à courir. Il arrive sur le quai au moment où le train quitte la gare. Courant d'un bout à l'autre du quai, il réussit, au dernier moment, à sauter dans un compartiment. Il trouve une place et s'y installe. Il est assez fier de lui, parce que malgré ses cinquante ans, il n'est pas trop fatigué et il respire sans difficulté. «Il n'y a pas beaucoup d'hommes de mon âge capables de faire cela,» pense-t-il.

Dix minutes plus tard, le train s'arrête à la gare suivante. Juste au moment où le train se remet en marche, un jeune homme arrive en coup de vent, jette sa valise dans le compartiment et y monte.

— Ouf! dit-il, enfin! Il a la figure toute rouge, il respire avec difficulté et il a l'air vraiment malade. M. Tarin prend un petit air supérieur.

— Les jeunes d'aujourd'hui, dit-il, ne sont pas si durs que ceux de mon temps. Quand j'ai attrapé ce train à Versailles j'ai couru le long du quai sans perdre le souffle comme vous.

— Le long du quai! s'écrie le jeune homme, ce n'est rien, ça! Figurez-vous que j'ai manqué ce train à la gare de Versailles!

(*a*) Quelle heure est-il quand M. Tarin arrive à la gare de Versailles?
(*b*) Qu'est-ce qu'il doit faire pour attraper son train?
(*c*) Pourquoi est-il fier de lui?
(*d*) Comment le jeune homme entre-t-il dans le compartiment?
(*e*) Quel air M. Tarin prend-il?
(*f*) Quelle comparaison fait-il entre les jeunes d'aujourd'hui et ceux de son temps?

78* *The wolf, the goat and the cabbage*

Un jour un fermier va au marché dans la ville voisine. Il mène un loup et une chèvre. Dans ses bras il porte un énorme chou. Après quelque temps, il arrive à une rivière. Il n'y a pas de pont, mais il aperçoit un bateau et il décide de passer de l'autre côté dans celui-ci.

Malheureusement le bateau est petit et il n'y a pas assez de place pour le loup, la chèvre et le chou en même temps. À vrai dire, le bateau est si petit qu'il ne peut pas en prendre plus d'un à la fois. Que faire? S'il prend le chou et laisse le loup avec la chèvre, le loup la mangera. Mais il n'ose pas prendre le loup, car, pendant son absence, la chèvre mangera le chou. S'il prend d'abord la chèvre, puis le loup, le loup mangera la chèvre quand il la laissera de l'autre côté pour revenir chercher le chou.

À ce moment un vieillard arrive et le fermier lui explique sa difficulté.

— N'est-ce que cela? dit-il. Je vais vous montrer la bonne façon de résoudre votre problème. Transportez d'abord la chèvre toute seule de l'autre côté. Le loup ne touchera pas au chou. Puis vous reviendrez chercher le chou. Après avoir déposé le chou là-bas, vous ramènerez la chèvre avec vous et vous la laisserez de ce côté-ci pendant que vous passerez le loup. Puis vous reviendrez pour la dernière fois prendre la chèvre. C'est comme ça que vous résoudrez votre problème.

(*a*) Pourquoi le fermier ne traverse-t-il pas la rivière par le pont?
(*b*) Qu'est-ce qu'il y a pour passer de l'autre côté?
(*c*) Pourquoi le fermier ne peut-il pas laisser le loup avec la chèvre?
(*d*) Pourquoi ne peut-il pas prendre d'abord le loup?
(*e*) Qu'est-ce que le vieillard explique au fermier?

79* *Written too soon*

Monsieur Duparc se prépare à partir en vacances. Il va rendre une courte visite à plusieurs amis, en passant deux ou trois nuits avec chaque famille. Tout est prêt. Il a marqué les routes à suivre sur sa carte, il a mis de l'huile et de l'essence dans sa voiture et ses bagages y sont déjà installés. Il a même écrit d'avance toutes ses lettres de remerciements et a mis l'adresse et un timbre sur les enveloppes. Comme ça, après chaque petit séjour il pourra mettre une de ces lettres à la poste.

M. Duparc se met en route. Il s'arrête chez les Delaroche, les premiers de ses amis, et, après y avoir passé trois journées très agréables, il leur dit «au revoir» et part pour sa visite à la deuxième famille qui habite à environ deux cents kilomètres de la première. Ce soir-là, en ouvrant sa valise pour prendre la lettre qu'il a l'intention de mettre à la poste le lendemain matin, il s'aperçoit avec horreur que le paquet de lettres manque. Les a-t-il laissées chez les Delaroche? Il se précipite au téléphone.

— Allô, dit-il, c'est vous, Delaroche? Écoutez, est-ce que vous avez trouvé un paquet de lettres dans ma chambre? Je crois que je les ai laissées sur la petite table de nuit.

— Oui, mon vieux, dit la voix de son ami, ma femme les a trouvées ce matin. Ne vous inquiétez plus, elle les a postées elle-même.

(*a*) Qu'est-ce que M. Duparc se prépare à faire?
(*b*) Comment va-t-il passer ses vacances?
(*c*) Qu'est-ce qu'il a marqué sur sa carte?
(*d*) Qu'est-ce qu'il a écrit d'avance?
(*e*) De quoi s'aperçoit-il en ouvrant sa valise?
(*f*) Que fait-il alors?
(*g*) Où sont les lettres?

80* *The old lady and the bear*

Cette histoire se passe dans un pays où on trouve encore des ours. Un jour on y prend un de ces animaux. L'ours est légèrement blessé. Une vieille dame, qui a pitié de la bête, l'emmène dans sa maison où elle la soigne et la guérit. Bientôt l'ours devient très affectueux et prend l'habitude de suivre la vieille dame partout comme un chien fidèle et de coucher au salon devant le feu.

Un jour que la dame sort pour aller, par un sentier de la forêt, à une de ses fermes, elle s'aperçoit que l'ours, qu'elle a appelé Nana, veut la suivre.

— Non, lui dit-elle, tu ne peux pas venir avec moi. Retourne à la maison!

Mais l'ours ne veut pas lui obéir et continue à la suivre. Finalement elle le reconduit dans la maison et l'enferme au salon. Puis elle repart.

Dans la forêt elle entend soudain derrière elle un pas très lourd, se retourne et voit venir . . . Nana, qui s'approche et s'arrête devant elle.

— Oh, non, Nana! Non, lui dit-elle. Tu sais qu'il est défendu de me suivre. Je suis très fâchée! Va-t'en. Retourne à la maison. Et pan! pan! pour l'encourager à s'en aller, la vieille dame lui donne sur le museau deux coups de parapluie. L'ours la regarde un peu surpris, puis obéit et, se retournant, disparaît dans la forêt.

Mais la vieille dame commence à regretter sa violence envers son cher Nana, et décide de rentrer immédiatement chez elle pour le retrouver et le consoler. Arrivée à la maison, elle ouvre la porte et voit . . . Nana, qui n'a pas bougé et qui dort tranquillement devant le feu.

Recevoir des coups de parapluie sur le museau, c'est une désagréable surprise pour un ours qui compte faire, d'une vieille dame, un bon déjeuner!

(*a*) Pourquoi la vieille dame veut-elle soigner l'ours?
(*b*) Comment l'appelle-t-elle?
(*c*) Quand la dame sort pour aller à sa ferme, qu'est-ce que l'ours essaie de faire?
(*d*) Que fait la dame?
(*e*) Que fait-elle en voyant l'ours derrière elle dans la forêt?
(*f*) Pourquoi retourne-t-elle vite chez elle?

81* *A useful purchase*

Un vieux prêtre, qui travaille parmi les habitants noirs d'un pays très chaud, est devenu, petit à petit, très maigre à cause du mauvais climat et des fièvres qu'on attrape dans ces régions.

Un jour il traverse une rivière dans un petit bateau quand sa bague glisse de son doigt maigre et tombe dans l'eau. Tout de suite un jeune noir, qui est dans le bateau avec lui, se lève et, sans penser au danger, car la rivière est pleine de crocodiles, plonge dans l'eau. Après avoir cherché longtemps, il réussit enfin à retrouver la bague.

Le prêtre le remercie avec beaucoup de chaleur, mais parce qu'il est très pauvre, il ne peut lui donner qu'un franc comme récompense.

Un mois plus tard, le prêtre rencontre le même jeune homme qui se promène dans la rue de son village avec une belle jeune fille.

— Bonjour, mon fils, dit-il, je suis bien content de vous revoir et d'avoir l'occasion de vous remercier une fois de plus de votre action courageuse. Dites-moi, avez-vous acheté quelque chose d'utile avec le franc que je vous ai donné?

— Oui, mon père, répond le jeune noir en indiquant la femme à côté de lui, j'ai acheté cette épouse.

(*a*) Pourquoi le prêtre est-il devenu maigre?
(*b*) Quel accident lui arrive dans le bateau?
(*c*) Que fait le jeune noir?
(*d*) Pourquoi est-ce que la rivière est dangereuse?
(*e*) Quand le prêtre revoit le jeune homme un mois après, quelle question lui pose-t-il?
(*f*) Qu'est-ce que le jeune noir a acheté?

82 *A free haircut*

Un jour à Paris, un monsieur entre chez un coiffeur avec un petit garçon. Il demande au coiffeur de s'occuper de lui avant l'enfant, parce qu'il a des courses à faire en ville. Après avoir installé le petit garçon sur une chaise avec un tas de revues et d'illustrés, le coiffeur coupe les cheveux du monsieur. Son travail fini, il aide le petit garçon à grimper sur la chaise que le monsieur vient de quitter. Celui-ci remet son chapeau et son pardessus, dit au gamin d'être sage, et il part.

Le coiffeur, qui aime les enfants, parle au petit garçon pendant qu'il lui coupe les cheveux, et lui montre sa belle collection de parfums et de savons. Son travail terminé, il aide l'enfant à descendre de la chaise et lui donne encore des illustrés à regarder.

Une demi-heure plus tard, il s'aperçoit que le gamin est toujours là, parfaitement heureux, entouré d'illustrés et de revues.

— Ne t'inquiète pas, mon petit, lui dit-il aimablement, ton papa ne va pas tarder à revenir.

L'enfant le regarde avec surprise.

— Ce n'est pas mon père, dit-il, il s'est approché de moi dans la rue et il m'a dit: «Viens, nous allons nous faire couper les cheveux tous les deux.»

(*a*) Qu'est-ce que le monsieur demande au coiffeur de faire?
(*b*) Qu'est-ce que le coiffeur donne à lire au petit garçon?
(*c*) Qu'est-ce que le coiffeur montre à l'enfant?
(*d*) Pourquoi est-ce que le gamin regarde le coiffeur avec surprise?
(*e*) Pourquoi le monsieur ne revient-il pas?

83* *Not what he intended*

Un certain fermier, qui habite une petite ville du nord de la France, souffre beaucoup de rhumes. Le médecin de campagne a déjà essayé, sans succès, de le guérir et il décide donc d'aller voir un spécialiste dans la grande ville. Comme il est prudent, cependant, il demande combien il faut payer pour chaque traitement. On lui dit que c'est vingt francs la première fois et dix francs chaque fois suivante.

Comme il est avare aussi, le fermier pense à une petite ruse pour avoir le premier traitement à bon marché.

Quand son tour arrive d'entrer dans le cabinet du docteur, il s'avance vers lui et lui serre la main.

— Bonjour, docteur, dit-il, me voici de nouveau. J'ai pris le médicament que vous m'avez donné quand je vous ai vu la première fois. Il m'a fait beaucoup de bien.

Le spécialiste ne dit rien, mais lui pose quelques questions, puis lui dit d'enlever sa chemise. Ensuite il examine sa poitrine avec soin. Enfin, il lui dit de remettre ses vêtements.

— Merci, docteur, dit le fermier, lui tendant un billet de dix francs. Et qu'est-ce que vous me conseillez de faire?

— Puisque le médicament que je vous ai donné quand je vous ai vu pour la première fois vous a fait tellement de bien, je vous conseille de continuer le même traitement. Au revoir, monsieur, et merci.

(*a*) Où habite le fermier?
(*b*) De quoi souffre-t-il?
(*c*) Combien coûtent les traitements du spécialiste?
(*d*) Que fait le fermier quand il entre dans le cabinet du docteur?
(*e*) Qu'est-ce que le spécialiste lui conseille de faire?

84* *He was taking no chances*

Dans le jardin du roi il y a un très beau poirier. En se promenant un jour en voiture dans son parc, le roi passe devant ce poirier et remarque qu'il porte deux magnifiques poires mûres. Comme il est trop vieux pour les cueillir lui-même, il appelle son jardinier et lui demande de les lui apporter dans son petit pavillon. Le jardinier cependant est, lui-même, très âgé, aussi envoie-t-il son petit garçon cueillir les poires.

L'arbre est assez haut, mais après de grands efforts l'enfant réussit à les prendre et, descendant de l'échelle, il court aussi vite que possible apporter les deux fruits au roi dans son pavillon.

Le roi le remercie, et, pour le récompenser, lui donne une des poires. Pendant que le roi mange la sienne, il est très étonné de voir l'enfant sortir un couteau de sa poche et se mettre à enlever avec soin la peau de sa poire.

— Moi, qui suis roi, lui dit-il, je me contente de manger ma poire sans enlever la peau, mais toi, qui n'es que le fils d'un jardinier, tu enlèves la peau de la tienne?

— Je mange d'habitude les fruits sans enlever la peau,

répond l'enfant, mais en courant ici, j'ai laissé tomber une de ces deux poires dans la boue et je ne peux pas me rappeler si c'est la mienne qui est sale ou la vôtre.

(*a*) Comment s'appelle l'arbre qui porte les poires?
(*b*) Comment sont les deux poires que le roi aperçoit?
(*c*) Où est-ce que le roi demande au jardinier de lui apporter les poires?
(*d*) Pourquoi le jardinier ne les cueille-t-il pas lui-même?
(*e*) Qu'est-ce que le roi donne au petit garçon comme récompense?
(*f*) Pourquoi est-ce que le roi est étonné?
(*g*) Qu'est-ce que l'enfant ne peut pas se rappeler?

85 *The merchant and the thieves*

Un marchand voyage un jour entre deux villes, portant sur lui une grosse somme d'argent. Sa route le mène à travers une forêt sombre. Aussitôt qu'il y est entré, trois voleurs sautent sur lui, et, après un bref combat, le laissent pour mort, emportant avec eux tout son argent qu'ils cachent sous un arbre à côté du sentier.

Comme ils ont faim tous les trois, l'un d'eux part acheter des provisions pendant que les deux autres gardent le trésor. Pendant son absence, ils décident de le tuer aussitôt qu'il reviendra et de partager l'argent volé entre eux.

Leur camarade revient et, sans rien soupçonner, dépose les provisions qu'il vient d'acheter. Tout de suite les deux autres s'élancent sur lui et le tuent. Puis ils s'asseyent et se mettent à manger le repas rapporté par leur compagnon mort, sans savoir qu'il a eu la même idée qu'eux et qu'il les a empoisonnés. Bientôt après ils sont saisis d'affreuses douleurs et au bout de quelques minutes ils meurent, eux aussi.

Trois heures après, deux autres voyageurs, qui suivent le même chemin, trouvent le marchand blessé et lui prêtent secours. Puis tous les trois reprennent le sentier à travers la forêt. Ils ne sont pas allés très loin quand ils découvrent les cadavres des trois voleurs sous un arbre, au bord de la route. Tout près, dans un trou, ils retrouvent l'argent volé. Le marchand est si content de revoir son trésor qu'il donne, comme récompense, une poignée d'or à chacun de ses nouveaux amis.

(*a*) Qu'est-ce que le marchand porte sur lui?
(*b*) Qui l'attaque dans la forêt?
(*c*) Qu'est-ce que les voleurs emportent avec eux?
(*d*) Pourquoi est-ce que l'un des voleurs quitte les autres?
(*e*) Qu'est-ce que ses deux camarades décident de faire pendant son absence?
(*f*) Pourquoi est-ce que les deux voleurs meurent, eux aussi?
(*g*) Qui aide le marchand blessé?
(*h*) Que fait le marchand après avoir retrouvé son trésor?

86* *The gold lighter*

Le colonel d'un régiment possède un beau briquet en or, cadeau de sa femme, et un soir avant le dîner, il le montre aux autres officiers. Quelques minutes après, voulant allumer une cigarette, il met la main dans sa poche pour prendre son briquet, mais il ne l'y trouve pas. En vain il cherche dans toutes ses poches. Tous les officiers se lèvent et, d'un commun accord, retournent leurs poches pour prouver que l'objet perdu n'est pas là. Seul un lieutenant refuse de faire la même chose, en disant qu'il n'a pas le briquet et qu'il considère comme suffisante sa parole d'honneur.

Naturellement le colonel accepte sa parole et ne parle plus

de l'affaire, mais les autres officiers soupçonnent le jeune homme d'avoir volé le briquet.

Le lendemain matin, le colonel fait venir le lieutenant dans son bureau.

— J'ai retrouvé mon briquet sous mon fauteuil, lui dit-il. Voulez-vous me dire maintenant pourquoi vous avez refusé hier soir de retourner vos poches comme tous les autres officiers?

— Mon colonel, répond le lieutenant, je vais vous dire pourquoi, mais d'abord promettez-moi que vous ne révélerez à personne ce que je vais vous avouer.

Le colonel lui donne sa parole.

— Mes parents sont très pauvres et je leur envoie la moitié de l'argent que je gagne. Pour faire des économies je ne prends qu'un repas chaud par jour, le déjeuner. Le soir je mets du pain et un bout de fromage dans ma poche. C'est pourquoi je n'ai pas voulu retourner mes poches.

Le colonel est très ému par ces paroles et prie le lieutenant d'accepter comme cadeau le briquet en or.

(*a*) Quel cadeau la femme du colonel lui a-t-elle donné?
(*b*) Pourquoi le colonel met-il la main dans sa poche pour prendre son briquet?
(*c*) Que font tous les officiers quand ils apprenent que le colonel a perdu son briquet?
(*d*) Est-ce qu'il y a une exception?
(*e*) Où est-ce que le colonel retrouve son briquet?
(*f*) Pourquoi le lieutenant ne peut-il pas retourner ses poches?
(*g*) Que fait le colonel après avoir écouté l'histoire du jeune homme?

87 *William Tell*

Cette histoire se passe au quatorzième siècle en Suisse pendant l'occupation ennemie. Le général autrichien, qui gouverne le pays, s'appelle Gessler. Il a mis un chapeau sur une perche au milieu de la place publique avec l'ordre que tous les paysans le saluent. Guillaume Tell passe devant ce chapeau sans obéir à cet ordre.

On raconte à Gessler que Tell refuse de saluer le chapeau autrichien et le général le fait venir devant lui.

— Guillaume Tell, lui dit-il, on dit que tu es maître dans l'art de tirer des flèches et que ta flèche n'a jamais manqué d'atteindre son but.

— C'est vrai, s'écrie le fils de Tell, qui est très fier de son père, il perce une pomme sur l'arbre à cent pas.

— Est-ce là ton enfant? demande Gessler.

— Oui, seigneur, répond Guillaume.

— Eh bien, Tell, puisque tu perces une pomme sur l'arbre à cent pas, exerce ton talent devant moi. Tu vas percer une pomme sur la tête de ton fils; mais je te conseille de tirer droit, car si tu n'atteins pas ou la pomme ou ton fils, tu vas mourir.

Tous ceux qui entourent Guillaume ont pitié de lui et demandent à Gessler de lui pardonner, mais le général ne veut pas les écouter.

Tell hésite longtemps. Il supplie Gessler de lui accorder la mort, mais l'Autrichien refuse. Tout à coup Tell saisit une flèche et la met dans sa ceinture. Puis il en prend une deuxième, se penche en avant et la tire. La flèche part droit et fend la pomme en deux. L'enfant s'élance dans les bras de son père.

Gessler s'approche d'eux.

— Dis-moi, Tell, dit-il. Pourquoi as-tu mis une autre flèche dans ta ceinture?

— Pour vous, seigneur. Mais maintenant je n'en aurai pas besoin.

(*a*) Quel est le pays de Guillaume Tell?
(*b*) Quelle nation occupe son pays?
(*c*) Qu'est-ce que les paysans doivent faire en passant devant le chapeau?
(*d*) Qu'est-ce que le fils de Tell dit que son père peut faire?
(*e*) Qu'est-ce que Gessler ordonne à Tell de faire?
(*f*) Pour qui est la deuxième flèche que Tell met dans sa ceinture?

88* *The dishonest trader*

Un jour un commerçant peu honnête a le malheur de perdre sa bourse. Il fait publier dans les journaux un avis qui offre mille francs à celui qui la lui rapportera. Un ouvrier, qui est pauvre mais très honnête, retrouve la bourse, la porte au commerçant et réclame la récompense. Mais le commerçant est très avare et n'a pas du tout l'intention de payer les mille francs qu'il doit à l'ouvrier. Il examine la bourse, puis lui dit très sévèrement:

— Il n'y a que six mille francs dans cette bourse. Il y a deux mille francs qui manquent. Comment expliquez-vous cela?

— Je ne comprends pas du tout ce que vous voulez dire, monsieur, répond l'ouvrier. Je vous ai rapporté votre bourse exactement comme je l'ai trouvée; je n'ai rien pris. Je n'ai même pas regardé dedans.

Le commerçant n'est pas satisfait de cette réponse et l'affaire est finalement soumise au tribunal. Mais le juge, après avoir interrogé tous les témoins, s'aperçoit de l'intention injuste du commerçant et décide de lui donner une bonne leçon.

— Monsieur, lui dit-il, vous dites que vous avez perdu une

bourse contenant huit mille francs. Mais cette bourse, que l'ouvrier vous a rapportée, ne contient, d'après vous, que six mille francs. Alors, il est évident que ce ne peut pas être, après tout, la vôtre. Je juge donc que cet ouvrier a le droit de garder la bourse pour lui-même.

(*a*) Qu'est-ce qui est écrit dans l'avis que le commerçant fait publier?
(*b*) Pourquoi le commerçant ne veut-il pas payer la récompense?
(*c*) D'après le commerçant, quelle somme manque?
(*d*) Quelle est la réponse de l'ouvrier quand on l'accuse de vol?
(*e*) De quoi le juge s'aperçoit-il?
(*f*) Quel est le jugement donné par le tribunal?

89* *Equal shares*

Un certain seigneur est sur le point de donner un grand dîner en l'honneur du mariage de sa fille. Sur les tables il y a toutes sortes de viandes, de fruits, de pâtisseries, mais il n'y a pas de poisson, parce que la mer a été récemment très agitée et les pêcheurs n'ont pas pu aller à la pêche. Quelques heures avant le mariage, cependant, un pauvre pêcheur arrive au château du seigneur portant un gros poisson.

— Quel beau poisson! dit le seigneur, c'est exactement ce qu'il me faut pour mon dîner. Combien vous dois-je?

— Rien, monseigneur, dit le pêcheur, je n'accepte pas d'argent. Tout ce que je demande est cent coups de bâton sur mon dos.

Le seigneur croit d'abord que le pêcheur plaisante, mais l'homme insiste. Il ne veut rien accepter sauf les cent coups sur le dos.

Finalement le seigneur dit à ses domestiques:

— Il me faut absolument ce beau poisson pour mon dîner.

Donnez à ce fou cent coups de bâton, mais aussi légèrement que vous pourrez.

Après avoir reçu cinquante coups le pêcheur crie:

— Arrêtez! J'ai un associé et il doit recevoir, lui aussi, sa part.

— Est-ce possible! s'écrie le seigneur, y a-t-il vraiment un autre homme aussi fou que celui-ci? Qui est votre associé?

— Votre maître d'hôtel, monseigneur. Quand je suis entré, il m'a dit: «Je refuse de te laisser passer si tu ne me donnes pas la moitié de ce que tu reçois pour ton poisson.»

— Oh! oh! dit le seigneur. Amenez-le ici tout de suite. Il va certainement recevoir sa part. Et cette fois-ci, ne tapez pas légèrement.

Après avoir puni son maître d'hôtel, le seigneur le renvoie et donne au pêcheur un beau cadeau.

(*a*) En l'honneur de quoi est le grand dîner?
(*b*) Qu'est-ce qui manque sur les tables?
(*c*) Pourquoi n'y a-t-il pas de poisson sur les tables?
(*d*) Quel prix est-ce que le pêcheur demande pour son poisson?
(*e*) Combien de coups reçoit-il?
(*f*) Qui reçoit les autres?
(*g*) Quelle est la différence entre les coups que le pêcheur recoit et ceux qui sont donnés au maître d'hôtel?
(*h*) Le seigneur garde-t-il son maître d'hôtel?

90 *Discretion is the better part of valour*

Un ami, que je connais très bien, m'a raconté cette histoire qui s'est passée dans un autobus à Paris. L'autobus s'arrête et un ouvrier énorme y monte; les muscles de ses bras sont comme des bandes d'acier. Il prend place en face de mon ami. Le receveur, ses tickets à la main, s'approche de l'homme et lui demande poliment le prix de sa place. Le géant le regarde d'un air supérieur, mais ne lui offre pas d'argent.

— Votre place, monsieur, dit le receveur.

— Je ne vais pas payer, répond l'homme.

— Pourquoi pas?

— Parce que je ne veux pas.

Le receveur le menace et dit que s'il ne le paye pas, il va appeler un agent de police. Le géant éclate de rire.

— Allez-y, mon vieux, dit-il, appelez votre agent.

A l'arrêt suivant le receveur descend et va vers un agent qui se tient sur le trottoir. Il n'a pas très bien choisi son homme parce que l'agent est petit et maigre. Il n'a pas l'air très fort.

— Bonjour, monsieur, dit-il à l'agent, voulez-vous venir m'aider, s'il vous plaît, il y a un type dans mon autobus qui refuse de payer.

L'agent va vers l'autobus, monte sur la marche et regarde à l'intérieur.

— Qui est-ce? demande-t-il en se retournant vers le receveur.

— Celui-là, lui dit à l'oreille le receveur en indiquant l'individu en question.

L'agent regarde un instant le géant, puis il descend de l'autobus et fait signe au receveur de le suivre. Il met la main dans sa poche et retire une poignée de monnaie.

— C'est combien, son ticket? demande-t-il.

(*a*) Où est-ce que cette histoire s'est passée?
(*b*) Comment est l'ouvrier qui monte dans l'autobus?
(*c*) Que dit le géant quand le receveur lui demande le prix de sa place?
(*d*) Quelle raison donne-t-il?
(*e*) Qui est-ce que le receveur appelle?
(*f*) Comment est cet agent?
(*g*) Quelle solution l'agent trouve-t-il au problème?

91 *An unusual catch*

Un certain ministre aime beaucoup la pêche. Il est très fier de son adresse et il ennuie tous les membres de la cour avec ses histoires longues et exagérées sur les différents poissons qu'il a attrapés. Un jour il organise un grand concours de pêche. «Je vais montrer à tout le monde, dit-il, que je suis le meilleur pêcheur du pays.» Cependant, pour être certain de gagner, il décide d'employer une petite ruse. Il dit à un de ses domestiques de lui trouver un homme qui plonge très bien. «Il doit être capable, dit-il, de retenir son souffle pendant plusieurs minutes.» Quand finalement cet homme se présente chez le ministre, celui-ci lui donne un énorme poisson et lui dit d'entrer dans la rivière à quelque distance de l'endroit où le concours doit avoir lieu, de nager jusqu'à sa ligne et d'y attacher le poisson. «Si tu fais bien ce travail, je te donnerai une forte somme d'argent.»

L'homme est d'accord pour exécuter les ordres du ministre, mais il est bavard et ne sait pas garder le secret. Bientôt la nouvelle de cette ruse parvient aux oreilles du roi qui décide de donner une bonne leçon à son ministre.

Faisant venir cet homme, il lui offre le double et lui donne un autre poisson. «Tu attacheras, dit-il, ce poisson-ci à la ligne du ministre au lieu de celui qu'il t'a donné.»

Le grand jour du concours arrive. Tous les pêcheurs sont assis le long de la rive. Au bout d'une demi-heure le ministre sent quelque chose qui tire sa ligne. C'est le signal.

— Regardez! crie-t-il, regardez tout le monde! J'ai gagné le concours, j'ai attrapé un poisson colossal!

Et il se met à ramener sa ligne de l'eau. Tout le monde a les yeux fixés sur le ministre. Petit à petit il retire sa ligne. Soudain le poisson «colossal» apparaît. Il y a un grand éclat de rire. Au bout de sa ligne pend un hareng tout cuit et prêt à être mangé.

(*a*) Pourquoi les autres membres de la cour évitent-ils le ministre?
(*b*) Qu'est-ce que le ministre organise?
(*c*) Quelle sorte d'homme dit-il à son domestique de trouver?
(*d*) Pourquoi est-ce que la nouvelle de cette ruse parvient aux oreilles du roi?
(*e*) Quel poisson est-ce que le ministre trouve enfin au bout de sa ligne?

92 *Poor business!*

Monsieur Legrand revient très tard de son bureau. La rue est déserte et il fait nuit. Au coin de la rue un homme de mauvais aspect l'arrête, en le menaçant d'un revolver et lui dit:

— Pardon, monsieur, permettez-moi de dire que c'est un très beau pardessus que vous portez là. Voulez-vous me le vendre? Je vous offre un franc.

Monsieur Legrand regarde le revolver et, n'ayant pas le choix, il se trouve forcé d'accepter le mauvais marché que l'autre lui propose. Puis l'homme continue:

— Quelle belle montre! Vous me la vendrez, n'est-ce pas? Je vous donne deux francs.

De cette façon le voleur achète au pauvre M. Legrand la bague qu'il porte au doigt, son pardessus neuf, son chapeau, sa montre en or, sa belle serviette en cuir. Pour chaque objet l'homme ne donne qu'une somme ridicule. Enfin il dit à sa victime:

— Voyons, monsieur, il faut être juste. Jusqu'ici c'est moi qui ai toujours été l'acheteur. Maintenant c'est votre tour. Je vous offre ce vieux chapeau que je porte. Disons cent francs. Vous l'achèterez sûrement? Et puis ce vieux mouchoir sale. Si je vous demande cinquante francs vous ferez une bonne affaire!

De cette manière M. Legrand est obligé d'acheter toutes

sortes d'objets inutiles et sans valeur. Finalement le voleur dit:

— Et maintenant, monsieur, je suis sûr que vous avez besoin de ce beau revolver. Il y a des voleurs, vous savez, et les rues sont dangereuses la nuit. Deux francs seulement et il est à vous.

M. Legrand donne les deux francs et saisit le revolver.

— Haut les mains! s'écrie-t-il. Maintenant, mon ami, vous allez me rendre tous les objets que vous m'avez volés.

— Un moment, monsieur, si vous désirez aussi des balles, je peux vous indiquer un magasin qui en vend. Je regrette de vous dire qu'il n'y en a pas dans ce revolver.

Et l'homme se sauve à toute vitesse.

(*a*) Comment est la rue au moment où M. Legrand rentre de son bureau?
(*b*) Est-ce que le prix que le voleur offre pour tous les objets est juste?
(*c*) Nommez quelques-uns des objets que M. Legrand est forcé de vendre.
(*d*) M. Legrand est d'abord vendeur; que devient-il ensuite?
(*e*) Quel est le dernier objet qu'il achète?
(*f*) Pourquoi ne peut-il pas s'en servir?

93 *The foolish son*

Un certain marchand, qui possède une grosse fortune gagnée dans le commerce, est très inquiet au sujet de son fils. Ce fils n'est pas sérieux, dépense beaucoup trop d'argent et a, pour meilleur ami, un jeune homme qui n'est pas honnête. Tous les jours le père essaie de mettre son fils en garde contre lui, mais le garçon se croit plus intelligent que son père et ne veut jamais écouter ses conseils.

Un jour, il arrive que le père et son fils se trouvent obligés de faire un voyage pour affaires.

— Qu'est-ce que je vais faire de tout mon argent pendant mon absence ? demande le père.

Naturellement le fils propose son ami pour garder le trésor. Cette fois-ci, cependant, le père accepte, car il a une idée.

— D'accord, dit-il, je vais mettre ma fortune dans cette grande malle que je confierai pendant mon absence à ton ami.

Au bout de trois mois, le voyage terminé, le père et le fils rentrent à leur maison.

— Va chez ton ami chercher la malle, dit-il à son fils.

Le fils part, mais revient bientôt après en colère.

— Tu as insulté mon ami, dit-il. Il m'a dit que dans la malle il n'a trouvé que des pierres.

— C'est vrai, répond le père, mais comment le sait-il ? Avant de partir j'ai fermé la malle à clef. Il a dû employer la force pour l'ouvrir.

C'est alors que le fils s'aperçoit que l'homme qu'il croit être son ami ne mérite pas sa confiance et à partir de ce moment il écoute les conseils de son père et se laisse guider par son expérience.

(*a*) Comment le marchand a-t-il gagné sa fortune ?
(*b*) Pour quelle raison est-il inquiet ?
(*c*) Pourquoi le fils ne veut-il pas écouter les conseils de son père ?
(*d*) À qui est-ce que le marchand confie sa fortune quand il part en voyage ?
(*e*) Qu'est-ce que l'ami du fils a trouvé dans la malle ?
(*f*) Comment l'a-t-il ouverte ?

94 *An ingenious artist*

Un jour une femme très riche commande son portrait à un peintre. L'artiste fait de son mieux pour exécuter le travail et, le portrait fini, il l'enveloppe et le porte chez la dame. Quand il arrive, elle n'est pas à la maison, mais il laisse le portrait à sa domestique.

Le lendemain, le chauffeur de la dame rapporte la peinture en disant que madame refuse de l'accepter parce que son petit chien n'y reconnaît pas sa maîtresse.

L'artiste est furieux, mais parce qu'il est pauvre aussi, il ne peut pas se permettre le plaisir de dire à la vieille dame ce qu'il pense d'elle. Non, c'est sûrement une situation qui demande de l'intelligence et non pas de la violence. Pendant quelques jours il réfléchit. Puis tout à coup il a une bonne idée. Il écrit à la dame en disant qu'il a apporté quelques changements à la peinture et qu'il est sûr maintenant que le portrait lui plaira. Il l'invite à venir le voir dans son atelier.

Le lendemain, juste avant l'arrivée de la dame, il prend de la graisse de viande et frotte le visage du portrait. Puis, quand sa cliente entre dans son atelier il lui montre la peinture.

La dame la regarde, mais semble hésiter. Elle indique son petit chien qui ne paraît pas du tout intéressé par le portrait.

— Non, monsieur, non, dit-elle. Loulou ne m'y reconnaît pas.

— Mais, madame, dit l'artiste, vous oubliez que les chiens ont quelquefois la vue très faible. Permettez-moi de tenir le petit trésor plus près du portrait.

En disant cela, l'artiste soulève l'animal et le tient à quelques centimètres de la peinture. Sentant la graisse, le petit chien s'efforce de caresser avec sa langue l'image de sa chère maîtresse.

— Vous voyez, madame, dit le peintre, il trouve que votre portrait vous ressemble parfaitement.

(*a*) Pourquoi est-ce que la dame n'accepte pas son portrait?
(*b*) Pourquoi l'artiste ne peut-il pas dire à la dame ce qu'il pense d'elle?
(*c*) Est-ce que l'artiste se trouve dans une situation qui demande de la violence?
(*d*) Quelle ruse emploie-t-il?
(*e*) Pourquoi est-ce que le chien essaie de caresser l'image de sa maîtresse?

95* *The haunted room*

M. et Mme Paturel viennent d'acheter un vieux château et ils ont invité plusieurs amis à venir passer quelques jours chez eux. La maison est pleine. Au dernier moment, cependant, un jeune homme, qu'ils connaissent très bien, téléphone de la gare. Il leur demande de lui donner un lit pour la nuit. Malheureusement il ne reste qu'une seule pièce libre: la chambre hantée.

«Ca va très bien, dit le jeune homme, je n'ai pas peur des revenants. Je vais prendre la chambre hantée.»

Après le dîner tout le monde joue aux cartes, danse et s'amuse. À onze heures et demie les invités vont se coucher.

Vers deux heures du matin, le jeune homme se réveille. Il entend un bruit à la porte. Lentement la porte s'ouvre. Avec terreur il voit une forme blanche qui s'approche de son lit, arrache deux couvertures et s'en va. Le pauvre jeune homme a si peur qu'il ne peut pas dormir et il passe le reste de la nuit enveloppé dans son pardessus, car il neige et il fait très froid.

Le lendemain matin, M. Paturel lui demande s'il a bien dormi. Alors, le jeune homme raconte son aventure effrayante de la nuit précédente.

Il vient de terminer son histoire quand une jeune fille s'approche d'eux.

— Bonjour, Nicole, dit M. Paturel. J'espère que vous avez bien dormi?

— Oui, merci, répond-elle, mais il a fait très froid pendant la nuit. À deux heures j'ai dû aller chercher encore des couvertures. Je les ai prises sur le lit de la chambre hantée. Heureusement il n'y a jamais personne là. Après ça j'ai très bien dormi.

(*a*) Qu'est-ce que les Paturel viennent d'acheter?
(*b*) Combien de chambres dans le château sont libres?
(*c*) Pourquoi le jeune homme accepte-t-il de prendre la chambre hantée?
(*d*) Qu'est-ce qu'il voit pendant la nuit?
(*e*) Pourquoi la jeune fille se lève-t-elle au milieu de la nuit?
(*f*) Comment le jeune homme passe-t-il le reste de la nuit?

96* *He was curious*

Mustapha est marchand d'éléphants. Il possède une bête qui est malade, et qui, il le sait, doit bientôt mourir. Cependant, la maladie n'est pas apparente et il décide de vendre l'animal le plus vite possible.

Le lendemain il conduit le gros éléphant au marché. Quand il y arrive, il attache la bête avec des chaînes et s'assied pour attendre le premier client.

Quelques minutes après, un paysan arrive. Il regarde l'animal avec beaucoup d'intérêt, puis il se promène autour de lui tout en continuant à le regarder de très près. Mustapha commence à s'inquiéter, car il croit que le paysan a découvert la ruse. Il se lève, s'approche du paysan et lui dit tout bas à l'oreille:

— Si tu ne dis rien, je te donnerai la moitié de ce que je recevrai pour la bête.

Le paysan ne semble pas comprendre et continue à marcher autour de l'éléphant.

Bientôt un vrai client arrive, achète l'éléphant et paye à Mustapha le prix demandé.

Ce dernier va vers le paysan et, lui tendant la moitié de son argent, lui demande:

— Voilà. Mais dis-moi, comment as-tu pu t'apercevoir de ma petite ruse?

— Ruse? dit le paysan étonné, en mettant l'argent dans sa poche. Quelle ruse? Je ne comprends pas. Je n'ai rien découvert. Je ne suis pas de ce pays et c'est la première fois que je vois une de ces bêtes. Dis-moi, il paraît que les éléphants ont une queue à chaque bout. Laquelle est la vraie?

(*a*) Pourquoi est-ce que Mustapha décide de vendre son éléphant?
(*b*) Pourquoi est-ce qu'il s'inquiète?
(*c*) Qu'est-ce qu'il offre au paysan?
(*d*) Pourquoi le paysan s'intéresse-t-il tant à l'éléphant?
(*e*) Qu'est-ce que le paysan veut savoir?

97 *The stamp*

René Michel a douze ans et il a une belle collection de timbres. C'est la meilleure collection de l'école. Il passe tout son temps à penser à ses timbres. En classe ses professeurs se plaignent de lui en disant qu'il est toujours dans les nuages. Chaque nuit il rêve de ses timbres. Son rêve le plus beau est celui où il trouve, dans une vieille boutique, un vieux timbre rare, le seul qui existe au monde.

Les années passent. René Michel a maintenant cinquante ans. Sa collection de timbres est devenue une des plus importantes du monde.

Un jour il entre dans une petite boutique pour acheter un vase ancien pour sa femme. Quand il arrive à la maison, comme le vase est sale et couvert de poussière, il décide de le nettoyer. Tout à coup il remarque quelque chose à l'intérieur; cela a l'air d'un petit bout de papier. Il secoue le vase et un timbre tombe sur la table. Il l'examine avec soin. Son cœur bat plus vite. Est-ce possible? Oui, c'est le timbre de ses rêves, le seul timbre au monde qui manque à sa collection.

Il va chercher un verre d'eau, car le timbre est collé à un bout de papier. Avec des doigts qui tremblent il prend le timbre et le met dans l'eau. Puis il pose le verre sur la table à côté de lui et s'assied. Il est fatigué et au bout de quelques minutes il s'endort.

Une heure plus tard il se réveille. Il a soif et sa gorge est sèche. Il prend le verre d'eau sur la table à côté et, d'un seul coup, le vide. Puis, tout d'un coup, saisi d'horreur, il se rappelle . . . son timbre!

(*a*) À quoi René s'intéresse-t-il?
(*b*) Pourquoi ses professeurs se plaignent-ils de lui?
(*c*) Quel âge René a-t-il quand la seconde partie de l'histoire commence?
(*d*) Pourquoi entre-t-il dans une boutique?
(*e*) Où trouve-t-il le timbre rare?
(*f*) Pourquoi le met-il dans un verre d'eau?
(*g*) Qu'est-ce qui arrive au timbre?

98 *The value of precision*

Un soir, Monsieur le Maire fait une promenade dans les rues de sa petite ville. À l'époque dont nous parlons, les rues ne sont pas encore éclairées la nuit et en se promenant dans l'obscurité, il se heurte contre un de ses citoyens.

Le lendemain, à la mairie, il fait publier un ordre: «Il est défendu aux citoyens de sortir la nuit sans lanterne.»

Ce soir-là, pendant qu'il fait, comme d'habitude, sa promenade, il se heurte contre le même citoyen.

— N'avez-vous pas lu l'ordre que j'ai fait publier ce matin? dit-il en colère. Où est votre lanterne?

— La voici, Monsieur le Maire, dit l'homme.

Le maire regarde la lanterne, qui est vide.

— Mais il n'y a rien dedans! dit-il.

— L'ordre n'a rien dit au sujet de l'intérieur de la lanterne, répond le citoyen.

Le lendemain matin un nouvel ordre apparaît sur la porte de la mairie: «Tous les citoyens qui sortent la nuit doivent porter une lanterne avec une chandelle.»

Ce soir-là le maire est en train de se promener comme toujours, quand il se heurte une fois de plus contre le même citoyen.

— Ah! C'est trop fort, dit-il d'une voix furieuse. Cette fois je vous arrête. Vous n'avez pas de lanterne.

— Si, répond l'homme.

— Où est-elle?

— La voici.

— Mais il n'y a pas de chandelle dedans!

— Si, Monsieur le Maire, regardez, proteste l'homme.

— Mais elle n'est pas allumée!

— L'ordre ne dit rien au sujet d'une chandelle allumée.

Et le pauvre maire est obligé d'écrire, pour la troisième fois, son ordre commandant aux citoyens de porter une chandelle allumée dans leurs lanternes.

(*a*) Que fait le maire chaque soir?
(*b*) Pourquoi le citoyen se heurte-t-il contre le maire?
(*c*) Est-ce que le citoyen porte une lanterne la seconde fois?
(*d*) Qu'est-ce qui manque à sa lanterne?
(*e*) Pourquoi, la troisième fois, le maire ne voit-il ni la lanterne ni la chandelle?
(*f*) Qu'est-ce que le maire est obligé de faire?

99* *The biggest fool*

Ceci est l'histoire d'un roi, et ce roi, comme tous ceux de cette époque, a un fou qu'il emploie pour amuser tous les gens de la cour. Un jour son fou s'approche de lui tenant à la main un livre dont les pages sont toutes blanches, et lui demande la permission d'écrire le nom de tous les imbéciles de son pays. Le roi, qui est de bonne humeur, lui accorde, en riant, cette permission, mais lui dit qu'il doit mettre à côté de chaque nom la raison pour laquelle il considère que cette personne doit être sur sa liste.

Quelque temps après, le roi demande au fou s'il a déjà terminé son travail.

— Oui, sire, le voici.

Le roi ouvre le livre et n'est pas du tout content de voir son propre nom en tête de la liste. D'abord il se met en colère et il est sur le point de dire à ses soldats d'emmener le fou et de l'exécuter, quand il regarde de nouveau le livre et voit la raison que le fou a donnée pour cet honneur.

— Alors, dit le roi au fou, tu crois que je suis le plus grand imbécile du pays parce que j'ai donné, il y a un mois, une grosse somme d'argent au chef de mon écurie pour acheter un cheval dans un pays étranger?

— Oui, Sire, dit le fou.

— Et que feras-tu si, par hasard, il revient?

— J'effacerai votre nom, Sire, et je placerai le sien en tête de la liste.

(*a*) Pourquoi est-ce que le roi emploie un fou?
(*b*) Qu'est-ce que le fou veut écrire dans son livre?
(*c*) Qu'est-ce qu'il doit écrire à côté de chaque nom?
(*d*) Quel nom place-t-il en tête de la liste?
(*e*) Pourquoi le roi a-t-il envoyé le chef de son écurie dans un pays étranger?
(*f*) Que fera le fou si le chef de l'écurie revient?

100* *Quick delivery!*

On raconte qu'un paysan, dont le fils sert dans un régiment en Algérie, reçoit un jour une lettre de lui dans laquelle il dit que ses souliers ont été brûlés par la chaleur du sable pendant les longues marches qu'il a faites dans le désert. Il termine sa lettre en priant son père de lui envoyer d'autres chaussures aussitôt que possible.

Aristide—car c'est ainsi que s'appelle le paysan—est plein de pitié pour son fils et commande tout de suite une paire de souliers au cordonnier de son village. Mais quand ils sont prêts, il ne sait pas de quelle façon les envoyer à son fils et il demande conseil à tous ses amis. L'un de ceux-ci, voulant se moquer du paysan simple, lui dit de les expédier par le télégraphe.

— C'est facile, lui dit-il, tu n'as qu'à les pendre au fil qu'on voit tendu tout le long de la route. Le premier télégramme qui passera en route pour l'Algérie les transportera jusqu'en Afrique.

Aristide trouve cette méthode pour envoyer les souliers si excellente et si bon marché qu'il décide de les expédier tout de suite. Comme il ne sait pas écrire lui-même, il demande au maître d'école de lui écrire l'adresse sur une carte. Puis il attache la carte aux souliers, sort du village, et les pend au fil télégraphique.

À peine est-il parti qu'un vieil homme passe, voit les souliers et les prend, mettant à leur place, ses propres souliers qui sont dans un très mauvais état.

Une heure après, Aristide, ne pouvant pas résister au désir de voir si un télégramme est déjà passé, revient et voit les vieux souliers à la place des neufs.

— Quelle merveille! s'écrie-t-il. Mon fils a déjà renvoyé ses vieux souliers par la même voie.

(*a*) Où sert le fils du paysan?
(*b*) Qu'est-ce qui a brûlé ses souliers?
(*c*) Qu'est-ce qu'Aristide commande au cordonnier?
(*d*) Qu'est-ce qu'un de ses amis lui conseille de faire?
(*e*) Pourquoi demande-t-il au maître d'école d'écrire l'adresse?
(*f*) Que fait le vieil homme qui passe?
(*g*) Que pense Aristide en voyant les vieux souliers suspendus au fil télégraphique?

101* *Tragedy of a faithful friend*

Jacques Lafitte est fermier. Sa femme est morte et il habite tout seul avec son fils, un beau petit garçon de trois ans qu'il aime mieux que toute autre chose au monde. Quand il est obligé de quitter la ferme, il laisse l'enfant sous la garde de son chien, un ami fidèle qu'il aime presque autant que son fils. L'animal est très doux avec l'enfant, mais très féroce avec les étrangers et Jacques sait qu'il défendra le petit contre tout danger.

Un jour, en rentrant de la chasse, il entend son chien qui aboie très fort dans la chambre du petit garçon. Sans déposer son fusil, qu'il tient à la main, il se précipite vers la chambre et ouvre la porte. Là, au milieu de la pièce, il voit, à sa grande horreur, son chien, le museau tout rouge de sang. Le lit du petit garçon est renversé et sur les draps et les couvertures il y a aussi du sang.

Croyant que le chien a attaqué et a dévoré le petit enfant, le fermier, fou de colère, lève son fusil et tire; l'animal tombe mort. Puis il entend un cri de peur et une petite voix crie «Papa!». Il se retourne et regarde derrière le lit renversé. Là, assis par terre, est son fils. Pas un seul cheveu de sa tête n'a été touché. À côté de lui est étendu le cadavre d'un gros loup; le loup que son fidèle ami a tué avant d'être tué lui-même par son propre maître.

(*a*) Pourquoi est-ce que le fermier habite seul avec son fils et son chien?
(*b*) Quand il est absent de la ferme, avec qui laisse-t-il son fils?
(*c*) Qu'est-ce que le fermier entend un jour en rentrant de la chasse?
(*d*) Que voit-il en ouvrant la porte de la chambre?
(*e*) Que fait-il alors?
(*f*) Est-ce que c'est vraiment le sang de son enfant qu'il voit?
(*g*) Est-ce que l'enfant a souffert du mal?

VOCABULAIRE

Words which have the same form and meaning in both French and English are not included. The feminine of adjectives is not given when it forms regularly by adding *e*. An asterisk (*) before an *h* indicates an *h aspiré*.

A

à, to, at
d'abord, first of all, at first
aboyer, to bark
absolument, absolutely
accepter, to accept
accompagner, to accompany
d'accord: être d'accord, to be in agreement; **d'un commun accord**, of one accord
accorder, to grant
un **achat**, purchase
acheter (à), to buy (from)
un **acheteur**, buyer
l'**acier** (*m.*), steel
une **action**, deed
adopter, to adopt
l'**adresse** (*f.*), skill, address
adresser, to send; **s'adresser à**, to apply to
une **affaire**, affair; **vous ferez une bonne affaire**, you will get a good bargain; **les affaires**, things, business
affectueux (-se), affectionate
affreux (-se), awful, frightful
âgé, old
un **agent de police**, policeman
agité, rough
agréable, pleasant
une **aide**, help; **venir en aide à quelqu'un**, to go, come, to someone's help
une **aiguille**, needle
aimablement, kindly, in a friendly way
aimer, to love, like
ainsi, thus, in this way
l'**air** (*m.*): **avoir l'air**, to look, seem
ajouter, to add
l'**Algérie**, Algeria
aller, to go; **aller mieux**, to be better; **allez-y!** go on!; **allons!** come now! come on!; **ma sœur va très bien**, my sister is very well; **tout va bien**, everything is fine; **s'en aller**, to go away; **va-t'en!** go away! get out!
alors, then, so
allumer, to light
une **âme**, soul
amener, to bring
un **ami**, friend
une **amitié**, friendship
s'amuser, to amuse oneself, to have a good time
ancien (-ne), ancient, olden
un **âne**, donkey
une **année**, year
apercevoir, to perceive, to catch sight of; **s'apercevoir**, to notice
apparaître, to appear
un **appareil**, apparatus, machine
apparent, apparent
un **appartement**, flat
appeler, to call; **s'appeler**, to be called
apporter, to bring; **apporter quelques changements**, to make a few changes
apprendre, to learn
approcher, to approach; **s'approcher de**, to go, come, up to
après, after
d'après, according to
un **arbre**, tree

l'**argent** (*m.*), money, silver
l'**arithmétique** (*f.*), arithmetic
une **armée,** army
arracher, to snatch
arranger, to arrange, settle
un **arrêt,** stop
s'arrêter, to stop
une **arrivée,** arrival
arriver, to arrive, to happen; **il arrive que,** it so happens that
un **art,** art
un **artiste,** artist
un **ascenseur,** lift
un **aspect,** look; **de mauvais aspect,** sinister, evil looking
s'asseoir, to sit down
assez, enough, fairly, rather
une **assiette,** plate
assis, sitting
un **associé,** partner
assurer, to assure
un **astre,** star
un **atelier,** workshop, studio
attacher, to tie up, on
attaquer, to attack
atteindre, to reach
attendre, to wait (for); **en attendant,** meanwhile
attention! look out!
l'**attention** (*f.*), attention; **faire attention,** to pay attention
attraper, to catch
aucun(e) . . . (ne), no, none
au-dessus de, above
aujourd'hui, today
aussi, also, too, and so (= consequently); **aussi . . . que,** as . . . as
autant que, as much as
une **auto,** car
un **autobus,** bus
l'**automne** (*m.*), autumn
autour de, around
autre, other; **nous autres soldats,** we soldiers; **d'autres . . . d'autres encore,** others . . . while others
autrichien (-ne), Austrian
d'avance, in advance
s'avancer, to advance, to make one's way forward
avare, mean, miserly, stingy
un **avare,** miser
avec, with
l'**avenir** (*m.*), future; **à l'avenir,** in the future
une **aventure,** adventure
avertir, to warn
aveugle, blind
un **avis,** notice, opinion; **à votre avis,** in your opinion
avoir, to have; **ce qu'il a,** what is the matter with him
avouer, to confess, admit
ayant (*pres. part. of* **avoir**), having

B

les **bagages** (*m. pl.*), luggage
la **bague,** ring
se **baigner,** to bathe
baisser, to lower; **se baisser,** to bend down
le **balai,** broom
la **balle,** ball, bullet
la **bande,** band, tribe
la **banque,** bank
la **barbe,** beard
bas (-se), low; **tout bas,** in a whisper
le **bas,** bottom; **en bas,** downstairs, down below
le **bas,** stocking
le **bateau,** boat
le **bâtiment,** building
le **bâton,** stick
battre, to beat; **se battre,** to fight
bavard, talkative
beau (bel, belle), lovely, fine, beautiful
beaucoup, much, many, a lot
le **besoin,** need; **avoir besoin de,** to need; **avoir grand besoin de,** to need badly
bête, stupid
la **bête,** beast, animal

la **bibliothèque,** library
bien, well, very; **c'est bien huit,** it *is* eight; **eh bien,** well, well then
le **bien,** good; **faire du bien,** to do good
bientôt, soon
le **billet,** note
blanc (-che), white
le **blé,** corn, wheat
blessé, wounded, injured
le **blessé,** injured man
bleu, blue
boire, to drink
le **bois,** wood
une **boîte,** box, tin
bon (-ne), good, right; **bon!** all right!
le **bonhomme,** chap
bonjour, good morning, good afternoon
la **bonne,** maid
le **bonnet,** bonnet, nightcap
le **bord,** edge
la **bouche,** mouth
la **boucherie,** butcher's shop
la **boue,** mud
bouger, to move
bouillir, to boil, to be boiling; **faire bouillir,** to boil (*trans.*)
le **boulanger,** baker
la **bourse,** purse
le **bout,** bit, piece, end; **au bout de,** after, at the end of
la **boutique,** (small) shop
braire, to bray
le **bras,** arm
brave, worthy
bref (brève), short, brief
le **briquet,** (cigarette) lighter
brûler, to burn
bu (*past part. of* **boire**), drunk
le **bureau,** writing desk, office

C

ça *see* **cela**
le **cabinet,** study, consulting-room
cacher, to hide; **se cacher,** to hide (*intrans.*)
le **cadavre,** body, corpse
le **cadeau,** present
le **café,** coffee
le **camarade,** friend, comrade
la **campagne,** country; **à la campagne,** in the country; **de campagne,** country
la **canne,** walking-stick
le **cannibale,** cannibal
le **capitaine,** captain
la **capitale,** capital
le **captif,** captive
car, for
caresser, to stroke
la **carte,** card, map
casser, to break; **se casser,** to break (*intrans.*)
la **casserole,** saucepan
à cause de, on account of, because of
la **caverne,** cave
ce, cet, cette, this, that; **ces,** these, those
céder, to yield, give way
la **ceinture,** belt
cela = **ça,** that; **ça va,** that's all right
célébrer, to celebrate
celui, the one; **celui-ci,** this one, the latter; **celui-là,** that one
cent, (one) hundred
cependant, however
certainement, certainly
ceux-ci, these, the latter
chacun(e), each (one)
la **chaîne,** chain
la **chaise,** chair
la **chaleur,** heat, warmth; **avec chaleur,** warmly
la **chambre,** room
le **champ,** field
le **champignon,** mushroom; **le mauvais champignon,** toadstool
la **chance,** luck, chance
la **chandelle,** candle (tallow)
le **changement,** change

chaque, each
la **charrette,** cart
la **chasse,** hunting
le **chat,** cat
la **chatte,** (female) cat
le **château,** country house, castle
le **chauffeur,** driver, chauffeur
chaud, hot
la **chaussure,** shoe
le **chef,** leader
la **chemise,** shirt
le **chèque,** cheque
chercher, to look for; **aller chercher,** to fetch; **envoyer chercher,** to send for; **revenir chercher,** to come back for; **chercher à,** to seek to, try to
cher (-ère), dear, expensive
le **cheval,** horse; **à cheval,** on horseback
le **cheveu,** hair; **les cheveux,** hair
la **chèvre,** goat
chez, at the house of; **chez l'épicier,** at the grocer's
le **chien,** dog
le **chirurgien,** surgeon
le **chocolat,** chocolate
choisir, to choose
le **choix,** choice
la **chose,** thing
le **chou,** cabbage
cinquante, fifty
le **ciel,** sky
le **cirque,** circus
le **citoyen,** citizen
clair, clear, clearly
la **classe,** class; **en classe,** in class
la **clef,** key
le **client,** client, customer
le **climat,** climate
le **coiffeur,** barber
la **colère,** anger; **en colère,** angrily; **entrer dans une grande colère,** to fly into a terrible rage; **se mettre en colère,** to get angry
le **colis,** parcel, package
coller, to gum
le **combat,** fight
combien, how much, many; **combien c'est merveilleux,** how wonderful it is
commander, to order
comme, like, as, as a; **comme c'est joli!,** how pretty it is!
commencer, to begin, start
comment, how
le **commerçant,** trader, merchant
le **commerce,** trade, dealings
le **compartiment,** compartment
composer, to compose
comprendre, to understand
compter, to count, to intend to
le **concours,** competition
condamner, to condemn
conduire, to lead, take, drive
la **conduite,** conduct
la **confiance,** confidence
confier, to entrust
confortablement, comfortably
connaître, to know
le **conseil,** advice, counsel
conseiller, to advise
le **conseiller,** counsellor, adviser
considérer, to consider
consoler, to console
construire, to construct, build
consulter, to consult
contenir, to contain
content, pleased, satisfied
conter, to tell, relate
continuer, to continue
le **contraire,** opposite; **au contraire,** on the contrary
le **contrat,** contract
contre, against
la **corde,** rope
le **cordonnier,** shoemaker
le **corps,** body
la **correspondance,** correspondence, letters
le **côté,** side; **à côté,** nearby; **à côté de,** beside, next to; **à ses côtés,** by his side; **de chaque côté,** on each side

coucher, to sleep; **se coucher,** to lie down; **aller se coucher,** to go to bed
couler, to flow
le **coup,** blow, knock; **jeter un coup d'œil sur,** to glance at; **le coup de vent,** gust of wind; **entrer en coup de vent,** to burst in
couper, to cut
la **cour,** court
le **courant d'air,** draught
courir, to run; **courir les mers,** to sail the seas
la **course,** errand, call, round, race; **faire des courses,** to do one's shopping
court, *see* **courir**
court, short
le **couteau,** knife
coûter, to cost
couvert (*past part. of* **couvrir**), covered; **couvert de,** covered by, with
la **couverture,** blanket
cracher, to spit
creuser, to dig
le **cri,** shout, cry
crier, to shout
croire, to believe
cruellement, cruelly
cueillir, to pick, gather
la **cuiller,** spoon
le **cuir,** leather
cuire, to cook, be cooking; **faire cuire,** to cook (*trans.*)
la **cuisine,** kitchen, cooking; **faire la cuisine,** to cook, do the cooking
cuit *see* **cuire**
la **culotte,** breeches

D

la **dame,** lady
dangereux (-se), dangerous
dans, in, into
de, from, of, with
debout, standing
au début, at first, at the start, beginning
décider, to decide
découvrir, to discover
dedans, inside
le **dégoût,** disgust
défendre, to defend; to forbid
au dehors, outside
en dehors de, away from
déjà, already, yet
déjeuner, to have lunch
le **déjeuner,** lunch
le **délai,** delay
délicat, delicate
demander, to ask; **se demander,** to wonder
demeurer, to live, dwell
demi, half; **midi et demi,** half past twelve
la **dent,** tooth
le **départ,** departure
dépenser, to spend (money, energy)
déposer, to put down
depuis, since, for; **nous sommes à pied depuis dix heures,** we have been marching for ten hours
dernier (-ère), last
derrière, behind
désagréable, unpleasant
descendre, to get down, get off
désert, deserted
le **désert,** desert
désespéré, desperate
désirer, to want, desire
désolé, sorry
dessus, on it
détacher, to untie, undo
la **dette,** debt; **faire des dettes,** to get into debt
le **deuil,** mourning
deux, two
deuxième, second
deuxièmement, secondly
devant, in front of, ahead
devenir, to become
deviner, to guess

deviennent *see* **devenir**
devoir, to owe, to have to
le **devoir,** homework
dévorer, to devour
le **diable,** Devil
diamant, diamond
le **Dieu, le bon Dieu,** God; **Mon Dieu!** Good gracious! Good heavens!
différent, different
la **difficulté,** difficulty
dîner, to have dinner
le **dîner,** dinner
dire, to say, tell; **entendre dire que,** to hear that
le **directeur,** director
disparaître, to disappear
se disputer, to argue, quarrel
le **docteur,** doctor
le **doigt,** finger
doit *see* **devoir**
le (la) **domestique,** servant
le **dommage: c'est dommage,** it is a pity
donc, therefore, then
donner, to give
dormir, to sleep
le **dos,** back
doucement, quietly
la **douleur,** pain
le **doute,** doubt; **sans doute,** probably
doux (-ce), gentle, soft
la **douzaine,** dozen
droit, right, straight; **à droite,** on, to the right
le **droit,** right; **de quel droit?** by what right?
dû (*past part. of* **devoir**): **il a dû,** he had to
dur, tough, hard

E

l'**eau** (*f.*), water
un **échange,** exchange; **en échange,** in exchange
une **échelle,** ladder
éclater, to burst; **éclater de rire,** to burst out laughing
une **école,** school; **à l'école,** at school, to school
les **économies** (*f. pl.*), savings
écouter, to listen (to)
écraser, to run over
s'écrier, to cry out, to exclaim
écrire, to write
s'écrouler, to collapse
une **écurie,** stable
Édouard, Edward
effacer, to erase
en effet, indeed
s'efforcer de, to try to
effrayant, frightening
effrayé, frightened
eh bien, well, well then
s'élancer dans, to rush into; **s'élancer sur,** to rush upon
elle, she, her
emmener, to take (away)
empêcher, to prevent
emporter, to take, carry away
emprunter, to borrow
ému, moved
en (*prep.*), in, into; **en** + *pres. part.*, in, on, by, while . . . ing; (*pron.*) some, of it, of them
encore, again, still; **encore deux,** two more; **encore des,** some more; **pas encore,** not yet
endormi, asleep
s'endormir, to go to sleep, fall asleep
un **endroit,** place, spot
un **enfant,** child
enfermer, to shut up
enfin, at last
enlever, to remove, take off, away
un **ennemi,** enemy
ennuyer, to annoy
ensuite, next, afterwards
entendre, to hear; **entendre dire que,** to hear it said that . . .
enterrer, to bury
entier (-ère), whole

entourer, to surround; **entouré de,** surrounded by
une **entrée,** entry
entrer, to enter
une **enveloppe,** envelope
envelopper, to wrap up
envers, to, towards
environ, about
envoyer, to send; **envoyer chercher,** to send for
épais (-se), thick
épargner, to save, to spare
une **épicerie,** grocer's shop
un **épicier,** grocer
une **époque,** period, time
une **épouse,** wife
une **erreur,** mistake
un **escalier,** staircase
espérer, to hope
essayer, to try
l'essence (*f.*), petrol
est *see* **être**
et, and
un **étage,** storey, floor
un **état,** state
un **été,** summer
s'étendre, to stretch, lie down
étendu, lying
une **étoile,** star
étonnant, amazing
étonné, astonished
étourdi, stunned, bemused
un **étranger,** stranger, foreigner
être, to be; **c'est-à-dire,** that is to say; **c'est que,** it's because; **n'est-ce que cela?** is that all? **n'est-ce pas?** do you? don't you? won't you? etc.
un **être,** being
un **étudiant,** student
eux, they, them
eux-mêmes, themselves
un **événement,** event
évident, obvious, clear
éviter, to avoid
exactement, exactly
exagéré, exaggerated
examiner, to examine
une **excuse,** excuse; **faire ses excuses,** to apologize
excuser, to excuse; **s'excuser,** to apologize
exécuter, to carry out, to execute
un **exemple,** example; **servir d'exemple,** to serve as an example
exercer son talent, to show what one can do
exister, to exist
expédier, to send
une **expédition,** expedition
expliquer, to explain
un **extérieur,** exterior
extrêmement, extremely

F

en face de, opposite
se fâcher, to get angry
facile, easy
la **façon,** way; **la bonne façon,** the right way; **de quelle façon?** how? in what way?
la **facture,** bill, invoice
faible, weak
la **faim,** hunger; **avoir faim,** to be hungry
faire, to do, to make; **faire de,** to do with; **faire un dîner,** to have a dinner; **c'est bien fait,** it serves him right; **ça ne fait rien,** it doesn't matter; **que faire?** what is he to do, what is to be done?
la **famille,** family
il faut, one must, it is necessary to; **il faudra,** it will be necessary to, you will have to; **il vous faut,** you need
le **fauteuil,** armchair
faux (fausse), false
la **femme,** wife, woman; **la femme de ménage,** daily (woman)
fendre, to split
la **fenêtre,** window

la **ferme,** farm
fermer, to shut, close
le **fermier,** farmer
féroce, fierce
le **feu,** fire
la **feuille,** leaf
le **feuillage,** foliage
fidèle, faithful
fier(ère), proud
la **fièvre,** fever
la **figure,** face; **avoir la figure toute rouge,** to be quite red in the face
figurez-vous, just imagine
le **fil,** thread; **le fil de fer,** wire
la **fille,** girl, daughter
le **fils,** son
finalement, finally
finir, to finish
fixé, fixed, glued
la **flèche,** arrow
la **fleur,** flower
le **foin,** hay
la **fois,** time; **à la fois,** at once, at one and the same time; **une fois de plus,** once more, once again
le **fond,** bottom, end, back
font *see* **faire**
la **force,** force; **de toutes ses forces,** with all his strength
forcé, forced
la **forêt,** forest
la **forme,** form, shape
fort (*adj.*), loud, hard, strong; **une forte somme,** a large sum; **un prix fort,** a high price; **c'est trop fort!** that's too much!; (*adv.*) loudly, very
le **fou,** jester, fool
la **foule,** crowd
la **fourchette,** fork
frapper, to strike, knock; **frapper du pied,** to stamp
frais (fraîche), fresh
le **franc,** franc
le **Français,** Frenchman
le **français,** French (language)
le **fromage,** cheese
la **frontière,** frontier
frotter, to rub
fumer, to smoke
le **fusil,** rifle

G

gagner, to win, to earn
le **gamin,** small boy, kid, child
le **gant,** glove
le **garçon,** boy; **le garçon (de café),** waiter
la **garde: sous la garde de,** in the care of; **mettre en garde contre,** to put on one's guard against
garder, to keep
la **gare,** station
le **gâteau,** cake
gauche, left; **à gauche,** on, to the left
le **géant,** giant
gémir, to groan
le **général,** general
le **genou,** knee; **à genoux,** on one's knees
gentil (-le), kind
les **gens** (*m. pl.*), people
la **glace,** window; ice
glisser, to slip
la **gorge,** throat
goûter, to taste
la **goutte,** drop
gouverner, to govern
le **gouverneur,** governor
grâce à, thanks to
la **graisse de viande,** dripping
grand, tall, great
grave, serious
la **grêle,** hail
la **grêve,** strike; **être en grêve,** to be on strike
grimper, to climb
le **groupe,** group
gros (-se), large, fat
guérir, to cure
guider, to guide

H

s'**habiller,** to get dressed
un **habit,** coat
un **habitant,** inhabitant
habiter, to live (in)
une **habitude,** habit; **avoir l'habitude de,** to be in the habit of; **prendre l'habitude de,** to form the habit of
d'habitude, usually; **comme d'habitude,** as usual
***hanté,** haunted
le ***hareng,** herring
le ***hasard,** luck, chance; **par hasard,** by chance
se ***hâter,** to hasten, hurry
***haut,** high; **haut les mains!** hands up!
le ***haut,** top; **du haut en bas,** from top to bottom
***hé!** hi!
***hélas!** alas!
hésiter, to hesitate
une **heure,** hour; **de bonne heure,** early
heureux (-se), happy, lucky
se *heurter contre, to run into
hier, yesterday; **hier soir,** yesterday evening
une **histoire,** story, history; **pas d'histoires!** No fuss! No trouble!
un **hiver,** winter
un **homme,** man
honnête, honest
un **honneur,** honour; **en l'honneur de,** in honour of
la ***honte,** shame, disgrace
***honteux (-se),** shameful, disgraceful
un **hôpital,** hospital
une **horloge,** clock
l'**horreur** (*f.*), horror
***hors de,** outside, out of
l'**huile** (*f.*), oil
***huit,** eight
une **huître,** oyster
humeur: de bonne humeur, in a good temper

I

ici, here
une **idée,** idea
une **identité,** identity
il, he, it
il y a, there is, there are; **il y a +** *time*, ago; **il y a bien des années,** many years ago; **ce qu'il y a,** what the trouble is
une **île,** island
un **illustré,** comic
imaginer, to imagine
un **imbécile,** idiot, fool
imiter, to imitate
immédiatement, immediately
impoli, rude
l'**indignation,** indignation; **avec indignation,** indignantly
indiquer, to point to, out; (*of a clock*) to say
une **infirmière,** nurse
une **injure,** insult
injuste, unfair, dishonest
inquiet (-ète), anxious, worried
s'**inquiéter,** to be worried
insister, to insist
s'**installer,** to settle in; **s'installer à,** to sit down at
un **instant,** moment
insulter, to insult
une **intention,** intention; **avoir l'intention de,** to intend to
interdit, forbidden
intéressé, interested
s'**intéresser à,** to be interested in
un **intérieur,** interior
interroger, to question
introduire, to introduce, to show in
inutile, useless
inviter, to invite

J

Jacques, James
jamais, ever
jamais (ne . . .), never

la **jambe,** leg
le **jardin,** garden
le **jardinier,** gardener
jaune, yellow
jeter, to throw
le **jeu,** game
jeune, young
joli, pretty
jouer, to play; **jouer aux cartes,** to play cards
le **jour,** day; **tous les jours,** every day
le **journal,** newspaper
la **journée,** day
le **juge,** judge
le **jugement,** judgement
juger, to judge; **juger prudent de,** to consider it advisable to
juin, June
jusqu'à, as far as, up to; **jusque chez lui,** right to his house; **jusqu'où?** how far?
juste (*adj.*), fair, just; (*adv.*) just
justement, just

K

le **kilo(gramme),** kilo(gramme) (= *approx.* $2\frac{1}{4}$ English pounds)
le **kilomètre,** kilometre ($\frac{5}{8}$ of a mile)

L

là, there
là-bas, over there, down there
là-dedans, in it, in there
le **lac,** lake
lâcher, to release, let go
laisser, to leave; **laisser à,** to leave with; **laisser tomber,** to drop
une **lance,** lance
lancer, to throw, hurl; to squirt
la **langue,** tongue, language
la **lanterne,** lantern
le **lapin,** rabbit
laquelle, which
la **larme,** tear; **pleurer à chaudes larmes,** to weep bitterly
laver, to wash
légèrement, lightly, slightly
le **légume,** vegetable
le **lendemain,** the following day; **le lendemain matin,** the following morning
lentement, slowly
la **lettre,** letter
lever, to raise; **se lever,** to get up
libéré, freed
libre, free
le **lieu,** place; **avoir lieu,** to take place; **au lieu de,** instead of
la **ligne,** line
lire, to read
le **lit,** bed
le **livre,** book
la **livre,** pound
la **loi,** law
loin, far
le long de, along
longtemps, a long time
longuement, at length
lorsque, when
le **loup,** wolf
lourd, heavy
lui, to him, to her; **lui-même,** himself
la **lumière,** light
lutter, to struggle

M

mademoiselle, Miss
le **magasin,** shop; **le grand magasin,** department store
le **magistrat,** magistrate
magnifique, magnificent
maigre, thin
la **main,** hand
maintenant, now
maintenir, to maintain
le **maire,** mayor
mais, but
la **maison,** house; **à la maison,** at home
le **maître,** master; **le maître d'hôtel,** butler

la **maîtresse,** mistress
mal, badly
le **mal,** trouble, difficulty; **avoir mal à,** to have trouble in
malade, ill; le (la) **malade,** patient
malgré, in spite of
le **malheur,** misfortune; **par malheur,** unfortunately
malheureux (-se), unfortunate, unhappy; **malheureux**! miserable fellow!
malheureusement, unfortunately
la **malle,** trunk
maman, mummy, mother
le **manche,** handle
manger, to eat
manquer, to miss, be missing; **manquer de,** to lack
le **marchand,** merchant, trader, seller
la **marchandise,** merchandise, goods
la **marche,** step
le **marché,** market; **bon marché,** cheap; **à bon marché,** cheaply
marcher, to march; to work (*of mechanical things*); **faire marcher,** to operate
mardi, Tuesday
le **mari,** husband
le **mariage,** marriage
marié, married; **le jeune marié,** newly wed
le **marin,** sailor
la **marmite,** cooking-pot
le **marron,** chestnut
le **marronnier,** chestnut tree
le **matin,** morning
mauvais, bad
le **mécanicien,** mechanic
mécontent, discontented. displeased
le **médecin,** doctor
le **médicament,** medicine
meilleur, better
le **membre,** member
même same, even
la **menace,** threat
menacer, to threaten
le **ménage,** household, housework; **la femme de ménage,** daily (woman)
le **mendiant,** beggar
mener, to lead
la **mer,** sea
merci, thank you; **merci bien,** thank you very much
la **mère,** mother
mériter, to deserve
la **merveille,** marvel, wonder
merveilleux (-se), wonderful, marvellous
messieurs, gentlemen
le **métier,** trade
le **mètre,** metre
mettre, to put; **se mettre à,** to begin; **se mettre en route,** to set out, off
meurt *see* **mourir**
midi, noon, midday
le **mien,** mine
mieux, better; **ça va mieux,** that's better; **faire de son mieux,** to do one's best
mille, (one) thousand
milord, my lord
Mme = madame
moi, I, me; **à moi,** mine; **moi-même,** myself
le **mois,** month
la **moitié,** half
le **moment,** moment; **(juste) au moment où,** just as; **en ce moment,** at this moment
la **monnaie,** change
monseigneur, my lord
le **monsieur,** gentleman
la **montagne,** mountain
monter dans, to get into
la **montre,** watch
montrer, to show, point to
se **moquer de,** to make fun of
le **morceau,** bit, piece, morsel
mort, dead
la **mort,** death
le **mot,** word
le **moteur,** engine

la **mouche,** fly
le **mouchoir,** handkerchief
mouillé, wet
mourir, to die; **faire mourir,** to cause to die, to kill off
la **mousse,** moss
le **moyen,** means, way; **les moyens,** means; **avoir les moyens de,** to afford
mûr, ripe
le **mur,** wall
le **museau,** snout, nose
mystérieux (-se), mysterious

N

nager, to swim
naturellement, naturally
nécessaire, necessary
la **neige,** snow
neiger, to snow
nettoyer, to clean
neuf, nine
neuf (-ve), new
le **nez,** nose
Noël, Christmas
noir, black
le **nom,** name
nommer, to name
non, no; **non plus,** either
noter, to take down
nous-mêmes, ourselves
noué, clasped
nouveau (nouvel, nouvelle), new; **de nouveau,** again
la **nouvelle,** (piece of) news
se **noyer,** to drown
le **nuage,** cloud
la **nuit,** night; **il fait nuit noire,** it is pitch dark

O

obéir, to obey
obligé, obliged
observer, to observe
occuper, to occupy; **s'occuper de,** to look after
un **œil** (*plur.* **yeux**), eye
un **œuf,** egg
une **œuvre,** work
offert (*past part. of* **offrir**), offered
un **officier,** officer
offrir, to offer
oh! là! là! oh dear!
une **ombre,** shade, shadow; **à l'ombre de,** in the shade of
on, one, we, you, they, people
un **oncle,** uncle
or, well now, well
l'**or** (*m.*), gold
une **ordonnance,** prescription
ordonner, to order
un **ordre,** order
une **oreille,** ear
organiser, to organize
oriental, eastern
un **os,** bone
oser, to dare
ôter, to take off, away, to remove
ou, or; **ou . . . ou . . .,** either . . . or . . .
où, where; **le moment où,** the moment when
oublier, to forget
oui, yes
un **ours,** bear
un **ouvrier,** workman
ouvrir, to open

P

le **pain,** bread
la **paire,** pair
la **paix,** peace
le **palais,** palace
pan! bang!
le **panier,** basket
papa, daddy, father
la **papier,** paper
le **paquet,** packet, parcel
par, by; **par la fenêtre,** out of, through the window
paraître, to appear
le **parapluie,** umbrella
le **parc,** park

parce que, because
le **pardessus**, overcoat
pardonner, to pardon
pareil (-le), such, similar, like that
parfait, perfect
parfaitement, perfectly
le **parfum**, perfume, scent
parler, to speak, talk
parmi, among
la **parole**, word
la **part**, share
partager, to share
la **partie**, part
partir, to depart, leave, set out, go
à partir de, from . . . on
parvenir, to reach
le **pas**, step
pas du tout, not at all
le **passant**, passer-by
passer, to cross, pass over, to ferry over, to spend (*time*); **se passer**, to take place, to happen
la **pâtisserie**, fancy cake, pastry
le **patron**, owner, proprietor, landlord
pauvre, poor
le **pavillon**, summer-house
payer, to pay (for)
le **pays**, country
le **paysan**, peasant
la **paysanne**, peasant woman
la **pêche**, fishing
le **pêcheur**, fisherman
la **peau**, skin, peel
peindre, to paint
la **peine**, trouble; **avoir de la peine à**, to have difficulty in; **ce n'est pas la peine**, it's not worth while
à peine . . . que, scarcely . . . than
le **peintre**, painter
la **pelle**, shovel, spade
se pencher en avant, to lean forward
pendant, during, for
pendant que, while
pendre, to hang
pénétrer dans, to go right in(to)
penser (à), to think (of)
perçant, shrill, piercing
percer, to pierce
la **perche**, pole
perdre, to lose
personne (ne . . .), no one, nobody
la **personne**, person
petit, small, little
le **petit**, baby, little one
un **peu**, a little, a bit; **peu**, not very
peuplé de, thick with, inhabited by
la **peur**, fear; **avoir peur**, to be afraid
peut *see* **pouvoir**
peut-être, perhaps
la **pièce**, room; **la pièce (de monnaie)**, coin
à pied, on foot; **aller à pied**, to walk
la **pierre**, stone
piquer, to prick, to sting
la **pitié**, pity
la **place**, room, place, seat, fare; **la place publique**, public square, town square
se plaindre, to complain
plaire à, to please; **s'il vous plaît**, please
plaisanter, to joke
le **plaisir**, pleasure
la **planche**, plank
le **plat**, dish
plein, full
pleurer, to cry
pleuvoir, to rain; **il pleut**, it is raining
plonger, to plunge, dive
plus (ne . . .), no longer, no more; **de plus en plus**, more and more; **non plus**, either; **plus de trois**, more than three
plusieurs, several
plutôt, rather; **plutôt que**, rather than
la **poche**, pocket
le **poème**, poem

la **poésie,** poetry
le **poète,** poet
une **poignée,** handful
la **poire,** pear
le **poirier,** pear tree
le **poisson,** fish
la **poitrine,** chest, breast
la **pomme,** apple
le **pont,** bridge
la **porte,** door
le **portefeuille,** wallet
porter, to bear, carry; to wear; **se porter,** to be (*of health*)
posséder, to possess
poser, to place, put; **poser une question,** to ask a question
la **poste,** post
poster, to post
le **poulet,** chicken
le **poumon,** lung; **respirer à pleins poumons,** to take deep breaths
pour, for, in order to
pourquoi? why?
pousser, to push, grow; **pousser un cri,** to give, utter a shout
la **poussière,** dust
pouvoir, to be able to
la **prairie,** meadow, field
la **précaution: avec précaution,** cautiously
précédent, preceding
précieux (-se), precious
se **précipiter,** to rush
précis, precise, exact
précisément, precisely, exactly
premier (-ère), first
premièrement, firstly
prendre, to take, capture, to pick; **prendre à,** to take from
se **préparer à,** to prepare to, to get ready to
près de, near
en **présence de,** in(to) the presence of
présenter, to introduce, to bring before; **se présenter,** to present oneself, to appear
presque, almost, nearly
pressé, in a hurry
presser, to urge, press
prêt, ready
prêter, to lend; **prêter secours,** to help, to go, come to the help of
le **prêtre,** priest
prier, to ask, beg, to pray
la **prière,** prayer, request
le **printemps,** Spring
pris (*past part. of* **prendre**), taken, captured
en **prison,** to, in prison
le **prix,** price, prize
le **problème,** problem
prochain, next
proche, near; **le plus proche,** nearest
le **professeur,** professor
profondément, deeply; **profondément endormi,** sound asleep
la **profondeur,** depth
la **promenade,** walk
se **promener,** to go for a walk
la **promesse,** promise
promettre, to promise
propre, own, clean
le (la) **propriétaire,** proprietor, owner
protester, to protest
prouver, to prove
prudent, wise
publier, to publish; **faire publier,** to publish
puis, then
puisque, since
puissant, powerful
le **puits,** well
punir, to punish

Q

le **quai,** platform
quand, when
quand même, all the same, nevertheless
le **quart,** quarter
quatorzième, fourteenth
quatrième, fourth

que, that, which, whom, than; **un jour que,** one day when
que (ne . . .), only
qu'est-ce que? what?
quel (quelle), what, which
quelque, some; **quelques,** a few
quelque chose, something
quelquefois, sometimes
quelques-uns, some
quelqu'un, someone
la **queue,** tail
qui, who
quitter, to leave
quoi, what

R

raconter, to tell, relate
la **raison,** reason; **avoir raison,** to be right
ramasser, to pick up
ramener, to bring back, take back, to pull, haul in
se **rappeler,** to remember
rapporter, to bring back
raser, to shave; **se raser,** to shave (oneself)
rassuré, reassured
le **rayon,** department
récemment, recently
le **receveur,** conductor
recevoir, to receive
réclamer, to claim
reçoit *see* **recevoir**
récolter, to gather in, to harvest
la **récompense,** reward
reconduire, to take back
reconnaître (à), to recognize (by); **reconnaître une erreur,** to realize a mistake; **il n'y reconnaît pas sa maîtresse,** he doesn't recognize his mistress
redevenir, to become again
réfléchir, to think over
refuser, to refuse
regarder, to look (at)
le **régiment,** regiment
la **région,** district, region
regretter, to be sorry for
la **reine,** queen
relever, to raise again
remarquer, to notice
les **remerciements** (*m. pl.*), thanks
remercier, to thank
remettre, to put back
remplir, to fill, to fulfil
remonter dans, to get in again
remuer, to stir, to move
le **renard,** fox
rencontrer, to meet
rendre, to give back; **se rendre,** to go
rentrer, to come, go home, come, go back; **rentrer à pied,** to walk home, back; **rentrer en possession de,** to regain possession of
renverser, to overturn, knock over, upset
renvoyer, to send back, to sack, discharge
réparer, to repair
repartir, to set off again; **faire repartir le moteur,** to start the engine again
le **repas,** meal
répondre, to reply, answer
la **réponse,** reply, answer
le **repos,** rest; **au repos,** resting
se **reposer,** to rest
reprendre, to take back; **reprendre le sentier,** to set off again along the path
résoudre, to solve
respirer, to breath
la **responsabilité,** responsibility
ressembler, to resemble, to look like
rester, to stay, remain, to be left
en **retard,** late
se **retirer,** to withdraw, to go
retourner, to return, go back; **retourner ses poches,** to turn out one's pockets; **se retourner,** to turn round
retrouver, to find (again)

réussir (à), to succeed (in), to manage to
réveiller, to wake up, awaken; **se réveiller,** to wake up (*intrans.*)
révéler, to reveal
le **revenant,** ghost
revenir, to come back, to return
rêver, to dream
revient *see* **revenir**
la **revue,** magazine
le **rhume,** cold
riche, rich
ridicule, ridiculous
rien (ne . . .), nothing; **ça ne fait rien,** it doesn't matter
rire, to laugh
la **rivière,** river
la **robe,** dress
le **roi,** king
rouge, red
rougir, to blush
rouler, to go (*of vehicles*)
la **route,** road, way; **en route pour,** on the way to
la **rue,** road, street
ruiné, ruined
la **ruse,** trick, ruse

S

sa, his, her
le **sable,** sand
le **sac à main,** handbag
sage, good
le **sage,** wise man
sais *see* **savoir**
saisir, to seize
la **saison,** season
sale, dirty
la **salle,** room, hall; **la salle à manger,** dining room
le **salon,** living room, drawing room
saluer, to greet, salute
le **sang,** blood
sans, without; **sans doute,** probably
la **santé,** health
sarcastique, sarcastic
satisfaire, to satisfy
sauf, except
sauter, to jump
sauvage, wild
le **sauvage,** savage
sauvé, saved
se sauver, to run away
savant, learned
savoir, to know, to know how to
le **savon,** soap
le **seau,** bucket
sec (sèche), dry
le **secours,** help
le **seigneur,** lord
le **séjour,** stay
le **sel,** salt
selon, according to
semblable, similar
sembler, to seem
le **sentier,** path
sentir, to feel; **se sentir,** to feel (*intrans.*)
séparer, to separate
septième, seventh
serai *see* **être**
sérieux (-se), serious
serrer, to tighten, squeeze, grip
la **serviette,** brief-case, attaché case
le **service,** service, employment
servir, to serve; **à quoi sert . . .?** what is . . . used for?; **servir d'exemple,** to serve as an example; **se servir de,** to use
seul, alone, only
seulement, only
sévèrement, severely
si, if, so, such
le **siècle,** century
le **sien,** his, hers
le **signe,** sign; **en signe de,** as a sign of; **faire signe à,** to signal to
signer, to sign
le **silence,** silence; **garder le silence,** to keep silent
le **singe,** monkey
la **sœur,** sister
la **soie,** silk
la **soif,** thirst; **avoir soif,** to be thirsty

soigner, to treat
le **soin**, care
le **soir**, evening
la **soirée**, evening party, reception, evening
le **soir**, evening
la **soirée**, evening party, reception, evening
sois *see* **être**
soixante, sixty
le **soldat**, soldier
le **soleil**, sun
sombre, dark
la **somme**, sum
le **sommeil**, sleep
sonner, to ring (for)
la **sorte**, sort, kind
sorti, out
sortir, to go, come out, to take out, get out
le **souffle**, breath; **retenir son souffle**, to hold one's breath
le **soufflet**, bellows
souffrir, to suffer
le **soulier**, shoe
soumis au tribunal, taken to court
soupçonner, to suspect
la **soupe**, soup; **la soupe aux légumes**, vegetable soup
la **souris**, mouse
sous, under
souvent, often
spécial, special
le **spécialiste**, specialist
le **stylo**, (fountain) pen
le **succès**, success
le **sucre**, sugar
suffisant, sufficient
la **Suisse**, Switzerland
suivant, following
suivre, to follow; **suivi de**, followed by
le **sujet**, subject; **au sujet de**, about
supérieur, superior
superstitieux (-se), superstitious
supplier, to beg
supporté, supported
supposer, to suppose
sur, on, about
sûr, sure

T

le **tabac**, tobacco
la **table de nuit**, bedside table
la **tâche**, task
le **tailleur**, tailor
tais-toi! taisez-vous! shut up! be quiet!
le **talent**, accomplishment
tandis que, whilst, while, whereas
tant, so many, so much; **tant mieux!** so much the better!
taper, to tap, strike
tard, late; **plus tard**, later
tarder: il ne va pas tarder à, he won't be long in
le **tas**, heap, pile
la **tasse**, cup
le **télégraphe**, telegraph
tel (-le), such; **un tel**, such a
tellement, so much; **tellement de**, so much, so many
le **téléphone**, telephone
téléphoner, to telephone
le **témoin**, witness
la **tempête**, storm
le **temps**, time, weather; **il fait mauvais temps**, it is bad weather, the weather is bad; **en même temps**, at the same time
tendre, to hold out
tendu, stretched, hanging
tenir, to hold; **se tenir**, to stand
terminé, ended
la **terre**, land; **à terre**, to the ground; **par terre**, on the floor, ground
la **tête**, head
tiens, here
tient *see* **tenir**
le **timbre**, stamp
tirer, to shoot, fire; to pull, to take out
toi, you

le **ton,** tone
le **tonneau,** barrel
tort: avoir tort, to be wrong
toucher, to touch
toujours, always, still
le **tour,** turn, trick; **faire le tour de,** to go round; **à son tour,** in turn; **tour à tour,** in turn
tourner, to turn; **se tourner,** to turn (*intrans.*)
tous, toutes, all; **tous les deux,** both
tout, all; **tout ce qui (que),** all that
tout à coup, suddenly
tout à fait, quite
tout de suite, at once, immediately
la **trace,** track, trace
train: en train de + *infinitive*, to be in the act of (doing something)
traîner, to drag
le **traitement,** treatment, pay, salary
traiter, to treat
tranquillement, quietly
transporter, to carry
le **travail,** work
travailler, to work
à **travers,** across, through
traverser, to cross
trembler, to tremble
trentième, thirtieth
très, very
le **trésor,** treasure
le **tribunal,** court
triste, sad
trois, three
troisième, third
la **trompe,** trunk
se **tromper,** to make a mistake
trop, too, too much, many
le **trottoir,** pavement
le **trou,** hole
trouver, to find; **aller trouver,** to go to; **se trouver,** to find oneself, to be
tuer, to kill
le **type,** chap, fellow

U

les **unes,** some
une **usine,** factory
utile, useful

V

va *see* **aller**
les **vacances** (*f. pl.*), holidays; **en vacances,** on holiday
la **valeur,** value
la **valise,** suitcase
vendre, to sell
le **vendeur,** seller
venir, to come; **venir de** + *infinitive,* to have just (done something); **faire venir,** to summon, send for
le **vent,** wind
la **vérité,** truth
le **verre,** glass
vers, towards
verser, to pour, to overturn
la **veste,** jacket
les **vêtements** (*m. pl.*), clothes
veux *see* **vouloir**
la **viande,** meat
la **vie,** life
le **vieillard,** old man
vieux (vieil, vieille), old; **mon vieux,** old man, old chap
la **ville,** town
le **vin,** wine
vingtième, twentieth
violemment, violently
le **visage,** face
la **visite,** visit; **rendre visite à,** to pay a visit to
vite, quickly
vivre, to live
voici, here is, are; **me voici,** here I am; **en voici un,** here is one
la **voie,** route, way
voilà, there is, are; **te voilà,** there you are
voir, to see

le **voisin,** neighbour
la **voiture,** carriage, car; **en voiture,** in his carriage
la **voix,** voice; **à haute voix,** aloud; **à voix basse,** in a whisper
voler, to steal
le **voleur,** robber, thief
le (la) **vôtre,** yours
vouloir. to wish, want; **il ne veut pas,** he will not
le **voyage,** journey
le **voyageur,** traveller
voyons! come now!
vrai, true; **à vrai dire,** to tell the truth
vraiment, truly, really
la **vue,** sight; **à la vue de,** at the sight of

Y

y, there
les **yeux** (*m. pl.*), eyes